Emil Hierhold / Erich Laminger

Gewinnend argumentieren

■ konsequent
■ erfolgreich
■ zielsicher

UEBERREUTER

Die Deutsche Bibliothek – CIP-Einheitsaufnahme

Hierhold, Emil:
Gewinnend argumentieren : konsequent, erfolgreich, zielsicher
/ Emil Hierhold/Erich Laminger. – Wien : Ueberreuter, 1995
  (50 Minuten zum Erfolg) (Manager-Magazin-Edition)
  ISBN 3-7064-0175-4
NE: Laminger, Erich:

S 0158   1 2 3 4 5 / 99 98 97 96 95

Alle Rechte vorbehalten
Technische Redaktion: Dr. Andreas Zeiner
Umschlag: Kurt Rendl
unter Verwendung eines Bildes der Bildagentur Image Bank
Illustrationen: Josef Koo
Copyright © 1995 by Wirtschaftsverlag Carl Ueberreuter, Wien
Printed in Austria

Inhalt

An den Leser 5
Über dieses Buch 6

Teil 1: Das Kraftfeld der Argumentation 7
Mit einer guten Idee scheitern – muß das sein? 7
»Power Selling« – Ideen und Argumente mit Hochdruck verkaufen? 10
Drei Fragen als Basis des Argumentationserfolgs 14

Teil 2: Inhalte argumentativ aufbereiten 17
Vorbereitung ist 90 Prozent des Erfolges! 17
Der Weg zum Vorschlag – schnell zur Sache,
aber nicht mit der Tür ins Haus! 19
Die Situation und ihre Konsequenz – Fakten auf den Tisch! 23
Von den Fakten zum »Vorvertrag« 27
Probleme und Bedürfnisse argumentativ ansprechen 28
Vom Vorschlag zu den Maßnahmen – Nägel mit Köpfen machen! 30
Prägnante Anker für Start und Finale 33

Teil 3: Der Partner unter der Lupe 37
Die Grundfrage: Gegner oder Partner? 37
Auf dem Weg zur partnerschaftlichen Einstellung 40
Schnittstellen zum Partner finden – und nützen! 46
Sperren ausräumen, die den Partner am Mitgehen hindern 49
Partnerorientiert argumentieren – und überzeugen 52

Teil 4: Argumente aufbereiten und dosieren 55
Mit Bildern Verständnis und Ein-Sicht schaffen 55
Mit Sprach-Bildern das Verständnis bewegen 58
Achtung, Argument-Lawine! – die Gefahr des »Überschüttens« 61

Teil 5: Im Gespräch fördern, führen, öffnen 63
Informationsfördernde Gesprächstechniken 63
Mit Fragen führen, mit Fragen kontrollieren 65
Offene/geschlossene Fragen richtig einsetzen 67
Fragetechnik in der Konfrontation 71
Mit Fragen führen – aber zuerst Fragen üben! 72

Teil 6: Im Gespräch: nicht nur reden! — 73
Zuhören – eine Kunst, die sich lohnt — 73
Aktives Zuhören – mit dem Partner geistig auf die Reise gehen — 75
Mit den Augen hören und sprechen — 79
Der Ton macht die Musik — 82

Teil 7: Einwände und Widerstände meistern — 85
Einwände – die große Chance! — 86
Einwände akzeptieren – auflösen – aufwiegen! — 88
Bei hitzigen Diskussionen – Stopptafel und Durchmarsch — 91
Die große Runde – das Publikumspanorama erfassen — 93
Aktive Gegner mit Gefühl entschärfen — 97
Gewinnen – nicht siegen! — 99

Anhang: Kopiervorlagen für Ihre Praxis — 103

An den Leser

Manche Menschen haben anscheinend das Glück gepachtet: Was sie auch angreifen, wem sie auch begegnen, alles läuft nach Wunsch. Sie bewegen Dinge mit liebenswerter, unwiderstehlicher Kraft. Wo liegt das Geheimnis dieser Glückspilze?

Das Erfolgsgeheimnis heißt ganz einfach »harte Arbeit«. Die spielerische Leichtigkeit des Artisten im Zirkus gründet auf beinharter Vor-Arbeit. Unbeschwert kann nur der agieren, der sich sicher ist – weil er Kraft und Geist in die Vorbereitung investiert hat. Dieser Weg zum Erfolg steht jedem offen. Der erste Schritt ist die Bereitschaft, die eigene egoistisch-enge Welt zu verlassen und sich der Welt anderer Menschen zuzuwenden.

Was das mit gewinnender Argumentation zu tun hat? Wird einer Ihre Zustimmung gewinnen, der offensichtlich nur an sich selbst denkt? Wer so denkt, vermauert den Weg zum Partner. Wer sich dagegen damit beschäftigt, was die anderen interessiert – und so handelt! –, dessen Ideen werden leicht angenommen.

Der berühmte Verhaltensforscher Konrad Lorenz beschrieb den »altruistischen Egoismus«. Dieser Begriff verbindet das (notwendige) Streben nach dem eigenen Vorteil mit der Achtung vor den vitalen Interessen der Artgenossen. Wir wollen Ihnen dabei helfen, diese Form des Egoismus zu kultivieren. Der Weg dorthin führt aber über die Wünsche, Vorurteile und Marotten Ihrer Verhandlungspartner. Nur wenn Sie begriffen haben, wie die anderen wirklich »funktionieren«, können Sie erfolgreich argumentieren. Wer andere bewegen will, muß verstehen, was diese bewegt.

Sie kennen unterschiedliche Argumentationssituationen, im privaten und im beruflichen Bereich. Der Großteil unserer Kommunikation ist Argumentation, soweit wir einander nicht gerade eine Geschichte oder einen Witz erzählen. Wir werden uns daher mit Fragen der Kommunikation befassen. Wir untersuchen, wie man kritische Gesprächspartner »entschärft«, unentschlossene motiviert und zum Schluß begeistert. Sie erhalten Hilfsmittel für den richtigen Zugang zum Partner. Und natürlich befassen wir uns auch mit Techniken des Argumentationsaufbaues: Ohne wirkungsvoll aufbereitete Inhalte kann auch der beste »Kommunikationsprofi« nicht punkten.

Wir wollen Sie nicht mit Theorie vollstopfen – ein kleiner Rucksack praktischer Hilfsmittel wird Sie auf dem Weg zum Verständnis Ihrer Partner begleiten – damit auch Sie das »Argumentations-Glück« gepachtet haben.

Über dieses Buch

»*Gewinnend argumentieren*« ist dafür gedacht, »mit einem Stift in der Hand« gelesen zu werden. Ihre eigene Erfahrung, Ihre Probleme – und ein eigener »Argumentationsfall« Ihrer Praxis, das sind Ihre Übungsobjekte.

Das Trainingsscript hat nur eine Aufgabe: Ihnen dabei zu helfen, künftig mehr persönlichen Erfolg und Befriedigung in Argumentationssituationen zu erleben. Ganz einfach deshalb, weil Sie Ihre Ziele viel öfter erreichen werden als bisher! Dieses Buch kommt aus der Trainingspraxis für Führungskräfte und Spezialisten, es enthält die wirkungsvollsten Elemente aus drei Seminarbereichen: Argumentation, Präsentation und Rhetorik. Sie können es – genau wie die anderen Bücher dieser Reihe – auf verschiedene Weise nutzen:

- **Selbststudium.** Sie benötigen nur einen ruhigen Ort und einen Bleistift. Immer wieder werden Sie aufgefordert, an Ihrem persönlichen Fall zu arbeiten oder Ihre eigenen Gedanken und Erfahrungen zu notieren. Dadurch profitieren Sie am meisten und werden am schnellsten Erfolge sehen.
- **Workshops und Seminare.** Mit diesem Buch können Sie sich als Teilnehmer auf ein einschlägiges Seminar einstimmen, als Seminarleiter können Sie es als Kursunterlage mit Ihren Teilnehmern durcharbeiten – so wie es die beiden Autoren in ihren eigenen Trainings tun.

Noch ein Wort zur »political correctness«: Die beiden Autoren bekennen sich zum eigenständigen Wert beider Geschlechter und lehnen oberflächliche Verbeugungen vor den Leserinnen ab: »Wenn er/sie fragt ...« oder »Denken Sie an ihre/n PartnerIn ...« Im Interesse der Kürze und Lesbarkeit wird deshalb in diesem Buch durchgehend die männliche Form verwendet.

Über die Autoren

Dr. Emil Hierhold hat nach einer Karriere im multinationalen Markenartikel-Marketing das Thema »Ideen verkaufen« als Präsentationstrainer und Kommunikationsberater aufgegriffen. Er leitet ein spezialisiertes Trainingsinstitut und ist neben Lehraufträgen an der Wiener Wirtschaftsuniversität als Fachautor tätig; sein ebenfalls im Verlag Ueberreuter erschienenes Buch »Sicher präsentieren – wirksamer vortragen« ist deutschsprachiger Bestseller auf diesem Gebiet.

Dr. Erich Laminger ist Unternehmensberater und Trainer. Davor war er zwei Jahrzehnte lang Personalmanager in der internationalen Investitionsgüterindustrie und gleichzeitig als Sprecher der Arbeitgeberseite erfolgreicher Kollektivvertragsverhandler. Freunde und Gegner respektieren seinen partnerschaftlichen Argumentationsstil als maßgeblichen Faktor für wichtige Reformschritte auf betrieblicher Ebene und im Bereich der Sozialpartnerschaft.

Teil 1:

Das Kraftfeld der Argumentation

1.1 Mit einer guten Idee scheitern – muß das sein?

Eine »ganz normale« Situation: Meier hat eine gute Idee, von deren Wirksamkeit er überzeugt ist. Er weiß, daß seine Kollegen wahrscheinlich anderer Meinung sein werden. Dennoch, er hat gute Gründe dafür, zu wissen, daß die Sache nur so funktionieren wird, wie er glaubt. Er wird für seine Idee argumentieren müssen.

Wie so oft, kommt es anders, als er gedacht hat. Man hat ihn förmlich zerlegt, seine Idee – seiner Meinung nach immer noch die beste – konnte sich nicht durchsetzen, und das bedeutet schließlich doch auch: Er, Meier, konnte sich nicht durchsetzen, ist gescheitert.

Müller dagegen war mit einer viel schwächeren Idee zur Sitzung gekommen, aber Meier muß zugeben: Die Kollegen haben sich rasch dafür interessiert, es gab eine lebhafte Diskussion und schließlich war Müllers Vorschlag akzeptiert. Warum wurde ausgerechnet er schon wieder nicht verstanden? Warum stößt man mit guten neuen Ideen so häufig auf Widerstand?

➡ Mit einer guten Idee scheitern – muß das sein?

Wir hören oft den neiderfüllten Stoßseufzer: »*JA, SOO müßte man argumentieren können!*« – meist dann, wenn jemand anders gerade erfolgreicher war als wir selbst. In unseren Seminaren stellen wir immer wieder fest, daß die Teilnehmer ganz unterschiedliche Vorstellungen davon haben, was »argumentieren« eigentlich ist. Und diese Vorstellung wird häufig noch dadurch überlagert, welche Vorstellungen jemand davon hat, was »ERFOLGREICH argumentieren« bedeutet. Diese Vorstellungen können ganz gefährliche Hindernisse auf dem Weg zum Verhandlungserfolg sein – deshalb sollten Sie sich darüber klar werden, wie Sie selbst darüber eigentlich denken.

Nehmen Sie dazu bitte gleich einen Stift zur Hand und notieren Sie – möglichst ohne allzuviel darüber nachzugrübeln – die Antworten auf folgende Fragen:

1. Ihr letztes »Scheitern« in einer Argumentationssituation

Worum ging es? Wer waren Ihre Gesprächspartner? Wieso war es eigentlich ein »Scheitern«? – Ein paar Stichworte genügen.

_____

_____

2. Ein Argumentationserfolg, bei dem Sie dabei waren

Wer hat wen »gewonnen«? Woran haben Sie erkannt, daß hier einer »gesiegt« hat? Was war für den Erfolg Ihrer Ansicht nach ausschlaggebend?

_____

_____

3. Was bedeutet für Sie persönlich »argumentieren«?

Die wichtigste dieser drei Fragen – finden Sie bitte möglichst viele Beschreibungen dazu, das ist für Sie sehr wichtig! (Eine Antwort, die wir oft hören, ist z. B. »*Dem anderen meinen Standpunkt erklären*«.)

_____

_____

⟶ Mit einer guten Idee scheitern – muß das sein?

_____

_____

_____

_____

_____

_____

(Auch wenn Sie sich fragen, »*Was bringt es mir, wenn ich hier etwas notiere? Es überprüft oder korrigiert ja doch keiner!*« – nützen Sie diesen Platz! Das Aufschreiben von Gedanken hat eine unheimlich klärende Kraft, nicht nur für dieses Thema!)

1.2 »Power Selling« – Ideen und Argumente mit Hochdruck verkaufen?

Argumentieren wird gerne als das Hinwerfen von Ideen und Gedanken verstanden, die der andere »kaufen« soll. Am besten schnell und ohne viel Widerspruch. Das ist »Power Selling« von Ideen und Argumenten.

Es gibt eine Situation, in der Ähnliches hervorragend funktioniert. Auf dem Jahrmarkt, dort, wo Supermesser, Gurkenhobel und ähnliche »Wundergeräte« angeboten werden. Oft ist es wirklich lehrreich, diesen Verkäufern zuzusehen und zuzuhören.

Der Marktschreier – ein Meister des »Power Selling«.

Diese Menschen schaffen es, in kurzer Zeit schnelle Geschäfte zu machen. Sie preisen dem Publikum ihre Ware als Lösungen für gewisse Alltagsprobleme an. Ein Teil der Zuhörer wird durch diese Argumente angesprochen. Das sind die potentiellen Kunden. So mancher geht dann mit einem nicht wirklich billigen Ding nach Hause, das oft nicht hält, was versprochen wurde.

Für den Verkäufer ist das kein Problem, denn die Wahrscheinlichkeit, mit seinem enttäuschten Kunden wieder zusammenzutreffen, ist gering. Und wenn, dann ist meist viel Zeit vergangen, in der der Groll des in seiner Erwartung enttäuschten Kunden längst verraucht ist.

»Power Selling« kann also sehr erfolgreich sein, wo es seinen Platz hat. Zum Beispiel auf dem Jahrmarkt.

Sehen wir uns jetzt etwas genauer an, wie dieses »Power Selling« abläuft!

▶ »Power Selling« – Ideen und Argumente mit Hochdruck verkaufen?

Die »Argumentationsstrategie« des Marktschreiers

Beobachten wir ihn bei seinem Auftritt. Wie geht er vor?
1. Er holt sich die Aufmerksamkeit des Publikums (= schlägt auf den Tisch);
2. bietet sein »tolles Produkt« an (»*Hier habe ich für Sie ...*«),
3. zeigt, was das Produkt kann (»*Mit diesem Produkt XY können Sie jetzt endlich ohne Probleme ...*«),
4. streicht den mit dem Produkt erzielbaren Nutzen hervor (»*Ihr Abfall reduziert sich auf zehn Prozent*« ... »*Sie sparen bei jeder Verwendung von XY ...*«),
5. drängt, indem er auf die Gunst des Augenblicks verweist (»*Nur heute zum halben Preis!*« ... »*Nur solange der Vorrat reicht*«),
6. versucht, das sich abzeichnende Geschäft zu erweitern (»*Dieser kleine Zusatz um nur ...*« ... »*Wenn Sie zwei nehmen, bekommen Sie das dritte gratis!*«)
7. und »erntet« den Erfolg seiner Vorführung, indem mehr oder weniger viele Menschen bei ihm kaufen, denen er herzlich zu Ihrem Kaufentschluß gratuliert.

Wie gesagt, am Jahrmarkt sicher ein erfolgreicher Auftritt – aber für Sie wahrscheinlich nicht unbedingt ein Vorbild. Aber Vorsicht: Zumindest in einigen Punkten können wir vom Herrn mit dem Gurkenhobel einiges lernen. Zum Beispiel, daß er in der Reihenfolge seiner Schritte eine ganz klare Taktik verfolgt – er hat seine »Masche« gefunden und hält sich daran.

Wie sieht Ihre – unbewußte – Argumentationstaktik aus?

Jetzt sind Sie an der Reihe. Wie gehen Sie selbst vor, wenn Sie im Alltag etwas durch Argumentation erreichen wollen? Denken Sie an das letzte Mal, als Sie in so einer Situation waren. Wie hat das eigentlich angefangen? Und was kam dann? – Schreiben Sie bitte die einzelnen Schritte Ihrer Vorgangsweise der Reihe nach auf, auch wenn es ganz kleine oder kurze Dinge sind:

1. _____

2. _____

3. _____

4. _____

Das Kraftfeld der Argumentation

⟹ »Power Selling« – Ideen und Argumente mit Hochdruck verkaufen?

5. _____

6. _____

7. _____

(Sie müssen nicht sieben Schritte nennen können. Aber, je detaillierter Sie sich Ihre derzeitige Vorgangsweise bewußt machen, umso mehr können Sie beim Durcharbeiten dieses Buches gewinnen!)

Ihr Argumentationsverhalten – eine kurze Selbstanalyse

Sehen Sie sich Ihre übliche Vorgangsweise nochmals an: Gehen Sie sehr forsch an die Sache heran? Rasch zum Ergebnis zu kommen, ist ein verständlicher Wunsch. Oft drängt auch das knappe Zeitbudget, das der Gesprächspartner (Kunde, Chef usw.) zur Verfügung stellt. Und so entsteht im Konferenzraum eine Situation, die der auf dem Jahrmarkt sehr ähnlich ist.

Der Unterschied liegt dann in Äußerlichkeiten: Konferenzräume sehen anders aus als Märkte, und außerdem tragen nur wenige Marktschreier Anzüge und Krawatten.

Der wesentliche Unterschied: Das Publikum und seine Erwartungen. Können Sie es sich leisten, Zufallstreffer mit Ihrer Argumentation zu landen? Ob ein oder mehrere Partner, Sie brauchen volle Aufmerksamkeit für Ihr Thema. Die Sache muß schlüssig sein, nicht nur für Sie selbst, sondern vor allen Dingen für Ihre Partner. Nur dann wird »gekauft«.

> *Die meisten Kunden (und Chefs!)*
> *kann man nur ein einziges Mal argumentativ aufs Kreuz legen!*

Was geschieht, wenn Sie so clever argumentieren, daß Ihr Partner »ja!« zu etwas sagt, das ihn später bitter reut? Wenn Sie ihn also enttäuschen? Im Gegensatz zum Marktschreier hat Ihr »Kunde« in der Regel schnell wieder Gelegenheit, sein Enttäuschung deutlich kundzutun. Je nachdem, in welcher Position er zu Ihnen steht, reagiert er dann mehr oder weniger heftig und unangenehm. Diese Reaktion ist aber nur der vordergründige Teil des Ausdrucks der Enttäuschung. Weit unangenehmer, weil lang anhaltend, ist der Vertrauensverlust. Wer Enttäuschung erlebt, verliert ein entsprechendes Stück Vertrauen in den, der ihn getäuscht hat. Das Vertrauen, das so schnell dahin ist, ist aber nur mühsam wieder aufzubauen.

Vertrauen ist die Basis für jenes Wohlwollen, das jede Argumentation verlangt.

Denn alle Erklärungen und Aussagen, also auch jene, die sonst jedermann geglaubt werden, unentwegt beweisen und begründen zu müssen, nimmt jeder Argumentationskette den Schwung. Das ist zermürbend für den Argumentierenden, aber auch für den, der diese Begründungs- und Beweisflut einfordert.

1.3 Drei Fragen als Basis des Argumentationserfolgs

Argumentation läuft zwischen einem Initiator, der eine Sache (eine Idee, einen Vorschlag oder dergleichen) einbringt, und einem Partner, der von dieser Sache überzeugt werden soll.

Beide Seiten gehen von unterschiedlichen Standpunkten auf die Sache zu. Sie haben einen unterschiedlichen Wissensstand. Auch das Interesse an der Sache kann ein höchst unterschiedliches sein. Jedenfalls will der Initiator etwas, dem sein Partner entsprechen soll.

Wenn Sie als Initiator erfolgreich sein wollen, müssen Sie über das »Kraftfeld Argumentation« Bescheid wissen, es gezielt aufbauen und für Ihre Zwecke nutzen. Dazu müssen Sie drei Dinge wissen:

WAS will ich BEI WEM erreichen – und WIE?

Diese so einfache Fragen »haben es in sich«. Sehen wir Sie der Reihe nach an:

1. WAS will ich erreichen? (Mein Anliegen)

Dabei müssen Sie wieder **drei Kernfragen** unterscheiden:

- **Was ist das »große Ziel«?** Die Frage, was der Initiator insgesamt gemeinsam mit oder gegenüber seinem Partner erreichen möchte (z. B. im beruflichen Bereich: die eben eingegangene Kunden-/Lieferantenbeziehung soll langfristig ausgebaut werden; im privaten Bereich: die bestehende Freundschaft darf nicht gefährdet werden).
Dieses große Ziel ergibt gewissermaßen den Handlungsrahmen für die Sache (die Idee, den Vorschlag usw.), also für die nächste Frage:

- **Worum geht es JETZT?** Der konkrete Gegenstand dieser Argumentation – und zwar hier und jetzt (z. B. Umstellung auf einen neuen Liefermodus). Die dritte Kernfrage im WAS? bezieht sich auf Ihren Spielraum:

- **Konsens oder Kompromiß?** Was streben Sie selbst an? Oder gehen Sie davon aus, daß beide Seiten »Haare lassen« müssen?

2. WER ist (sind) mein(e) Partner?

Sie brauchen Klarheit darüber, mit wem Sie es zu tun haben – und da geht es um sehr viel mehr als um Name, Position oder »Stand«. Eine **Kernfrage** ist hier besonders wichtig:

Drei Fragen als Basis des Argumentationserfolgs

Partner oder Gegner? Diese (eigene) Einschätzung ist bestimmend für Erfolg oder Mißerfolg. Wenn Sie sich hier irren, werden Sie in der Argumentation höchstwahrscheinlich scheitern.

Sie wissen, WAS Sie erreichen möchten – und bei WEM. Genügt das schon? Die dritte Frage ist jene nach den Methoden, die Sie in der eigentlichen Argumentation selbst einsetzen:

3. WIE gehe ich vor?

Der Weg zum (Argumentations-)Ziel, das ist der ganze »Werkzeugkasten« der eigentlichen Argumentation – Ihr Know-how. Das »WIE?« entscheiden Sie in der Situation selbst, in der Sie das richtige Instrument auswählen.

Sehen wir uns diese drei Fragen – WAS? WER? WIE? – auf einen Blick an!

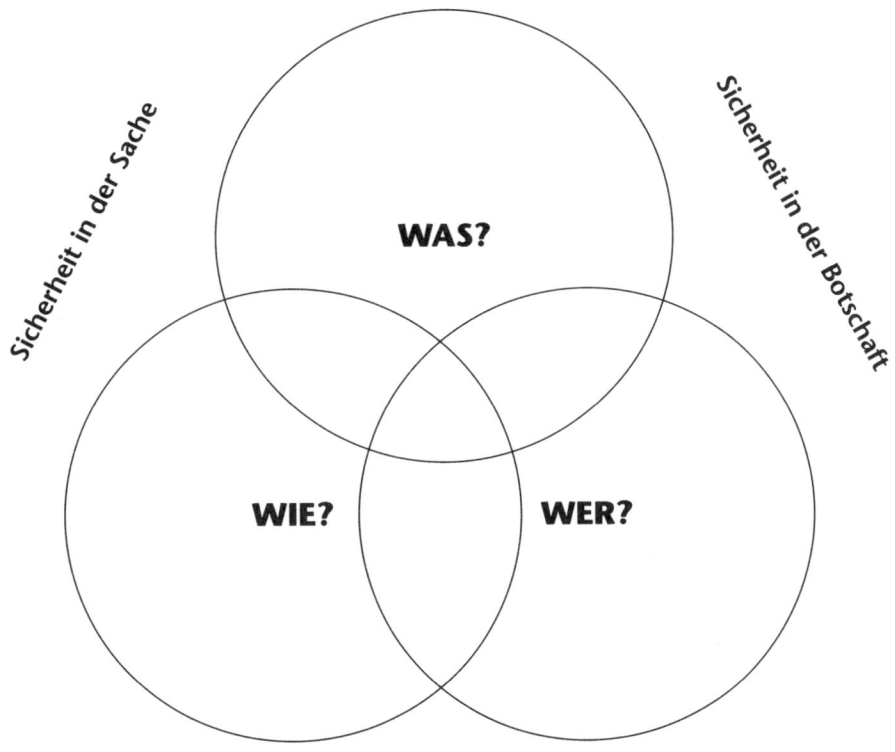

Das Kraftfeld der Argumentation

➠ Drei Fragen als Basis des Argumentationserfolgs

Dort, wo diese Kreise einander überschneiden, entsteht die wahre Kraft: Wer weiß, WAS er WIE vor- und aufbereiten kann, gewinnt Sicherheit in der Sache. Wer weiß, WER sich für WAS interessiert, gewinnt Sicherheit in der Botschaft; er weiß, welcher Vorschlag überzeugend wirken wird. Und wer weiß, WER auf welches WIE reagiert, kann richtig mit den Menschen umgehen, um sie zu gewinnen; damit gewinnt er Sicherheit in der Beziehung.

Was? Wer? Wie? – Drei Fragen bauen ein Kraftfeld auf.

Die Antworten, die Sie auf diese Fragen finden, geben Ihnen den Schlüssel zum Kraftfeld, denn: Vorbereitung ist 90 Prozent des Erfolges!

Teil 2:

Inhalte argumentativ aufbereiten

2.1 Vorbereitung ist 90 Prozent des Erfolges!

Diesen Satz kennen wir bis zum Überdruß aus der Schule. Warum ignorieren wir ihn immer wieder? Natürlich bedeutet Vorbereitung auch Arbeit, aber sie ist weniger aufwendig als Sie denken – vorausgesetzt, Sie gehen dabei systematisch vor.

Genug der Theorie, jetzt wollen wir gemeinsam Ihren nächsten schwierigen Argumentationsfall vorbereiten. Dabei können Sie überprüfen, wie wirksam die angebotenen Hilfen wirklich sind, und lernen, daß gute Vorbereitung nicht viel Zeit kosten muß. Und schließlich werden Sie erleben, wie sicher Sie durch diese Art der Vorbereitung Ihre nächste schwierige Argumentationsrunde meistern können.

Auch Sportler müssen sich für ihre Spitzenleistungen ordentlich vorbereiten, also trainieren. Boxer suchen sich einen möglichst starken Sparringpartner, weil dieses Training die beste Vorbereitung für den »Ernstfall« ergibt. – Suchen auch Sie jetzt Ihren »Sparringpartner«, die Argumentationssituation, die Sie herausfordert.

Zuerst eine Kurzbeschreibung Ihres Argumentations-Falles!

Notieren Sie Ihre Antworten auf die oben behandelten Fragen; wir ändern nur die Reihenfolge:

WER ist »die andere Seite«?
Notieren Sie einen oder mehrere Namen und was Ihnen dazu an Stichwörtern einfällt.

_____

_____

Sehen Sie diese Personen eher als Gegner oder als Partner? Setzten Sie hinter jeden Namen ein größeres oder kleineres »G« (für Gegner) oder »P« (für Partner) in eine Klammer!

➠ Vorbereitung ist 90 Prozent des Erfolges

WAS wollen Sie erreichen?
Was will ich in dieser Argumentation erreichen? Formulieren Sie Ihre Ziele!

_____

_____

Suche ich **volle Einigung** (Konsens) **oder** einen **Kompromiß**?

_____

_____

Beginnen wir zunächst mit dem »WAS?«. Ihr Ziel ist meist, etwas zu erreichen oder zu verhindern. Sie haben dafür Ihre Gründe und – hoffentlich – auch Argumente, mit denen Sie Ihren Partner überzeugen können. Oft funktioniert aber die einfache Aufzählung von Argumenten irgendwie nicht. Sehen wir uns eine andere, chancenreichere Möglichkeit an, Ihre Argumentation zielorientiert vorzubereiten.

2.2 Der Weg zum Vorschlag – schnell zur Sache, aber nicht mit der Tür ins Haus!

Meier stürzt in das Zimmer des Chefs: »*Ich hab's: Wir beantragen eine Fristverlängerung nach Paragraph 13 b!*« – Statt begeisterter Zustimmung ein befremdetes Stirnrunzeln.

Bei aller Zeitnot ist es wichtig, den Vorschlag nicht zu früh zu bringen. Ihn also zunächst noch bewußt zurückzuhalten, um dem Partner die Möglichkeit zu geben, sich auf das, was von Ihnen kommt, einstellen zu können.

*Wer zu früh vor-schlägt,
schlägt oft daneben.*

Jemand, der gleich zu Beginn seinen Vorschlag in die Verhandlung wirft, versäumt es nicht nur, im Vorfeld seines Anliegens wichtige Zustimmungspunkte einzuholen. Er fällt gewissermaßen mit der Türe ins Haus bzw. auf den Konferenztisch, und das frustriert auch ungeduldige Gesprächspartner.

Wie gehen Sie vor, wenn Sie Ihren Vorschlag vorbereiten? Sie überprüfen seine sachliche Richtigkeit, die Zweckmäßigkeit – macht Ihr Vorschlag Sinn, folgt er schlüssig als Lösung für das anstehende Problem? Genau das alles hat Meier auch getan. Genügt das?

➔ Der Weg zum Vorschlag – schnell zur Sache, aber nicht mit der Tür ...

Möglicherweise hat Ihr Partner gerade eine andere »Brille« auf, den Kopf voll anderer Probleme – und das kann Ihre Chancen reduzieren.

Wer die »falsche Brille« trägt, kann Ihre Argumente nicht ein-sehen.

Denn der Überfallene versteht bloß »Bahnhof«, muß zurückfragen (»*Wovon reden Sie eigentlich?*«) – und das kostet wieder Zeit und steigert die Ungeduld. Damit schaffen Sie aber kein positives Klima, sondern eher eine ablehnende bis feindselige Haltung.

90 Prozent des Erfolges liegen in der Vorbereitung – aber wie?

Wir suchen eine Methode, die folgende Anforderungen erfüllt:
- In der Argumentationssituation soll sie uns wie ein »roter Faden« zu unserem »Ziel« führen;
- vor allem soll sie uns dabei helfen, den Partner auf unsere Wellenlänge einzustimmen, ihn für unseren Vorschlag »reif« zu machen;
- bei der Vorbereitung wollen wir damit die Schlüssigkeit unserer Argumentationskette und die tatsächliche Brauchbarkeit unseres Vorschlages überprüfen.

Gibt es ein solches Wunderrezept?

Die argumentative Struktur – ein logischer Weg zur Überzeugung

Die folgenden Schritte trennen Sie in der Vorbereitung sehr säuberlich – das ist wichtig für Ihren Erfolg!

1. Situation

Zuerst stellen Sie die gegebene Situation dar. Ohne schon Wertungen vorzunehmen (»*fürchterlich*«, »*dringend*«), beantworten Sie kurz und klar die Frage »Wie sehen die Tatsachen (das Problem) aus?« Vorbilder sind gute Kurzartikel in Zeitungen oder die kurzen Einleitungsmoderationen zu Beiträgen in TV-Nachrichtensendungen.

Unser Freund Meier z. B. hätte seinen Chef mit einem einzigen Satz ins Bild setzen können: »*Es geht um den Termin, den uns die X-Behörde gesetzt hat und den wir nicht halten können.*«

⇒ Der Weg zum Vorschlag – schnell zur Sache, aber nicht mit der Tür ...

Wenn Sie den Partner noch nicht so gut kennen oder wenn das Problem neu ist, benötigen Sie etwas mehr Zeit. Ein Seminaranbieter – dieses Beispiel wird uns ab jetzt begleiten – möchte die Geschäftsleitung eines Unternehmens als Kunde für Präsentationstrainings gewinnen. Er muß dazu die »kommunikative Situation« dieses Unternehmens beschreiben: Was funktioniert nicht so, wie es sein sollte?

2. Negative Folgen

Diese geschilderte Situation bringt negative Folgen bzw. eine für den Partner unangenehme Lage. Hier geht es also darum, auf die Frage »Was passiert (Ihnen = dem Partner), wenn nicht gehandelt wird?« kurz und klar eine Antwort zu finden. Obwohl Sie damit für den Partner Negatives bringen, bauen Sie damit bei ihm eine positive Spannung auf, denn er spürt, daß Sie eine Lösung haben. Maiers Kurzform: »*Wenn wir den Termin versäumen, wird die Förderung abgelehnt!*«

Unser Seminaranbieter wird etwas breiter argumentieren müssen: Was bedeutet unprofessionelle Kommunikation für die Firma, die Kunden, das Management selbst?

3. Zielrichtung

Jetzt kommt der »Knackpunkt« in Ihrer Strategie! Ist es Ihnen gelungen, Ihren Partner so aufzurütteln oder einzustimmen, daß auch er eine neue, attraktivere oder zumindest verbesserte Situation wünscht? Können Sie mit Zustimmung rechnen, daß auch er dieses Problem lösen, diese Folgen vermeiden will?

Dann halten Sie diese Übereinstimmung im – gemeinsamen! – Ziel deutlich fest: »*Das Wichtigste ist also ...*« – im Falle Meier – »*... die Förderung zu retten! Sehen Sie das auch so?*«

Oder in unserem Seminar-Beispiel: »*... gute Ideen kurz und klar zu transportieren. Sind wir uns da einig?*«

Die Zielrichtung ist ein »Vorvertrag«.
Deshalb müssen Sie die Zustimmung entsprechend ausdrücklich »abholen«!
Nur ein gültiger »Vorvertrag« ist eine tragfähige Basis für Ihren Vorschlag.

Mit diesem »Vorvertrag« genehmigt Ihr Partner die Basis Ihrer weiteren Argumentation. Kommt diese Übereinstimmung nicht zustande, wird er für Ihre weiteren Ausführungen kaum Interesse aufbringen. Ohne »Vorvertrag« wird er sich durch alles, was Sie ihm in der Folge einreden wollen, mehr belästigt als beglückt fühlen. Und sich dementsprechend abwehrend verhalten.

⟹ Der Weg zum Vorschlag – schnell zur Sache, aber nicht mit der Tür ...

In der Argumentationssituation selbst werden Sie sich an Ihren roten Faden, den Sie von der Situation über die negativen Folgen bis zur Zielrichtung gespannt haben, teilweise in Wechselrede mit dem Partner entlangarbeiten. Das gibt Ihnen auch Gelegenheit, immer wieder Zustimmung vom Partner zu erhalten.

*Argumentation ist Dialog.
Ohne Zustimmung zwischendurch gibt es keinen Erfolg!*

Wir kommen später noch auf Fragetechniken zu sprechen. Vorweg: Gerade bei der Darstellung von Situation und negativen Folgen sind Fragen sehr wichtig, um eine gemeinsame Sichtweise zu entwickeln. Dieser Aufbau von Gemeinsamkeit ist Voraussetzung dafür, daß sich Ihr Partner von Ihnen durch Ihre Argumentation in die von Ihnen angestrebte (vorgeschlagene) Richtung bewegen läßt. Der »Vorvertrag« über die Zielrichtung ist der wesentliche Abschluß dieses ersten Blocks Ihrer Argumentation.

Den Vorschlag selbst haben Sie bis jetzt noch nicht auf den Tisch gelegt!

2.3 Die Situation und ihre Konsequenz – Fakten auf den Tisch!

Sie haben sich einen Fall überlegt, für den Sie nun Ihre konkrete Argumentationsstruktur aufbauen werden. Die erste Frage lautet: Wie sehen in Ihrem Fall die Tatsachen (das Problem) aus?

Sie erinnern sich noch: Jetzt kommt die Darstellung der Situation. Es geht also um eine kurze »Berichterstattung«, eine Aufzählung der Fakten, die – im Beispiel des Seminaranbieters – so aussehen könnte:

- *Mit der Kommunikation klappt's nicht so richtig*
  Das ist gewissermaßen Ihre »Überschrift« für die Situationsbeschreibung; aber natürlich brauchen Sie Tatsachen, die diese Diagnose belegen, wie
  – *zwei Drittel der Arbeitszeit verbringen Manager in Konferenzen,*
  – *gute Ideen gehen verloren, werden verzögert (Projekt-X),*
  – *jedes Mißverständnis kostet Zeit und Geld,*
  – *Tag der offenen Tür war eine »Negativ-Werbung«.*

Ihr argumentatives Ziel in dieser Phase:

Ihr Partner muß die Fakten akzeptieren – sonst sind sie nichts wert.

Er darf noch nicht erkennen, welchen Vorschlag Sie ihm bringen werden – seine Aufmerksamkeit soll sich auf die Überprüfung Ihrer Tatsachen konzentrieren.

Und nun Ihr Fall:

1. Die Situation: Wie sehen die Tatsachen aus?

Zuerst die »Überschrift« – die Situation, das Problem auf einen Blick:

___

Und jetzt die Fakten, die Ihre Diagnose beweisen:

- Tatsache 1

___

- Tatsache 2

___

⇒ Die Situation und ihre Konsequenz – Fakten auf den Tisch!

● Tatsache 3

_____

● Tatsache 4

_____

(Überprüfen Sie: Haben Sie Ihren Vorschlag noch zurückgehalten?)

Aus dieser Situationsschilderung leiten Sie jetzt gleich zum zweiten Schritt über, zu den negativen Folgen. Hier müssen Sie für Ihren Partner diese Frage aufwerfen – und beantworten:

Was passiert (Ihnen), wenn nicht gehandelt wird?

Ihr taktisches Ziel ist ja, Ihren Partner aufzurütteln. Dazu müssen Sie dramatisieren, die negativen Folgen durchaus in schillernden Farben malen. Jetzt darf, ja muß gewertet werden. Das Argumentieren beginnt im Grunde hier. Allerdings sprechen wir noch lange nicht vom Vorschlag.

Die negativen Auswirkungen der Situation müssen Ihren Partner aufrütteln!

Spüren Sie, wie sich die Spannung zur Zielrichtung hin aufbaut? Und noch kein Wort von der Lösung – also: den Vorschlag fest zurückhalten, auch wenn es schwerfällt!

- *Frustration bei Mitarbeitern und Managern*
- *Imageverlust der Führungskräfte und des Unternehmens*
- *Marktchancen gehen verloren, Marktposition ist gefährdet*

Das ganze könnten Sie noch auf eine Kurzformel bringen, die auch eine Art »Überschrift« darstellen kann:

- *Kommunikationsprobleme kosten wertvolle Substanz!*

Und nun Ihr Fall – dramatisieren Sie die Konsequenzen des vorher geschilderten Problems! Achtung: Diese Konsequenzen müssen logisch aus der Situation folgen.

➡ *Die Situation und ihre Konsequenz – Fakten auf den Tisch!*

2. Negative Folgen: Was passiert (Ihnen), wenn nicht gehandelt wird?

● Negative Folge 1

_____

● Negative Folge 2

_____

● Negative Folge 3

_____

Und wie könnte Ihre »Überschrift« für dieses unerfreuliche Szenario lauten, das Sie da in düsteren Farben ausmalen?

● _____

(Überprüfen Sie: Haben Sie Ihren Vorschlag noch immer zurückgehalten?)

Jede Zustimmung des Partners zählt,
besonders die zu unangenehmen Folgen!

Wenn Sie Ihre Sache gut überlegt und vorbereitet hatten, konnten Sie bis hierher bereits viel Zustimmung des Partners einholen. Die so aufgebaute positive Aufmerksamkeit läßt sich weiter ausbauen – Sie stehen mit Ihrem Partner auf einer gemeinsamen Interessensplattform.

Das Beispiel und die Notizen, die Sie zu Ihrem eigenen Fall gemacht haben, zeigen, daß es nicht sehr vieler Worte bedarf, um diesen günstigen Zustand zu erreichen. Selbst dann, wenn Sie in der tatsächlichen Argumentationssituation diese Gedanken in Wechselrede entwickeln, haben Sie durch Ihren roten Faden bestimmt keine Zeitprobleme – aber den Vorteil, sicher in der Sache zu bleiben.

Ein »roter Faden« gibt Ihnen Sicherheit in der Sache!

Was läuft in unserem Kopf, wenn uns einer aufzeigt, welche üblen Dinge möglicherweise auf uns zukommen? – *»Das will ich nicht.« »Ich muß das und das schützen/verteidigen/absichern!«* In anderen Worten: Im Kopf Ihres Partners

| Inhalte argumentativ aufbereiten | 25 |

Die Situation und ihre Konsequenz – Fakten auf den Tisch!

formiert sich eine Zielrichtung zur Lösung (seines!) Problems. Dieses Potential nützen Sie mit Ihrer Zielrichtung. Haben Sie richtig kalkuliert, dann können sie mit Zustimmung rechnen.

Es geht daher im nächsten Schritt um diese Zielrichtung, Ihren »Vorvertrag«! – Sie erinnern sich: Das ist noch immer nicht Ihr Vorschlag!

2.4 Von den Fakten zum »Vorvertrag«

In unserem Beispiel könnte die Zielrichtung wie folgt lauten:
- *Sie wollen Ihre guten Ideen kurz und klar transportieren – richtig?*

Wie lautet die Zielrichtung in Ihrem Fall?

---

3. Zielrichtung: Das Wichtigste ist also ... (Richtig?)

Der bedeutendste Schritt BEVOR Sie Ihren Vorschlag unterbreiten. Erst nach dem deutlichen JA des Partners (zur Zielrichtung) gehen Sie weiter!

In der Vorbereitung ist es selbstverständlich, daß Sie eine Zielrichtung als Übergang zum Vorschlag finden. In der Argumentationssituation mit dem Partner kann es vorkommen, daß ein solcher Konsens im Sinne des »Vorvertrages« nicht hergestellt werden kann. Wenn das passiert, empfehlen wir Ihnen, an dieser Stelle einen geeigneten Ausstieg zu suchen.

Wenn der »Vorvertrag« nicht zustandekommt, droht Konfrontation.

Viele gute Ideen scheitern daran, daß sie zum falschen Zeitpunkt eingebracht werden, wenn der Empfänger dafür noch nicht aufnahmefähig ist. Meist haben Sie jetzt noch Zeit und Gelegenheit für einen »Rückzieher«. Tun Sie's – sonst droht einem vielleicht guten Vorschlag ein »Nein!«, das Sie später schwer ausräumen können. Ziehen Sie sich mit einem »*Lassen Sie uns dann nochmals die Situation prüfen. Worin unterscheidet sich unsere Sicht der Dinge?*« zurück. Vielleicht entdecken Sie dabei auch selbst noch, daß Sie Ihr Anliegen optimieren können. Jedenfalls wahren Sie damit ganz einfach Ihre Erfolgschancen.

Wir gehen natürlich davon aus, daß Sie – gut vorbereitet – den Nagel auf den Kopf getroffen haben: Die Zielrichtung ist fixiert, der »Vorvertrag« geschlossen. Jetzt wenden wir uns – endlich – dem Vorschlag selbst zu. Dem Teil, der Ihnen besonders wichtig ist, weil Sie dadurch etwas bewirken oder erreichen möchten.

Inhalte argumentativ aufbereiten

2.5 Probleme und Bedürfnisse argumentativ ansprechen

Jetzt verraten wir Ihnen unser Erfolgsgeheimnis, das Ihnen in Zukunft gute Dienste leisten wird: Das ARGU-STRUKT, eine Kurzformel für »ARGUmentative STRUKTur«. Damit können Sie sich strukturiert vorbereiten und Ihren roten Faden für die Argumentation auch bildlich im Kopf behalten.

Den ersten Teil des ARGU-STRUKT haben Sie soeben kennengelernt. Ihr eigener Fall ist bereits dieser Struktur entsprechend zur Hälfte ausgearbeitet. Mit unserem Beispiel ausgefüllt sieht diese erste Hälfte des ARGU-STRUKT so aus:

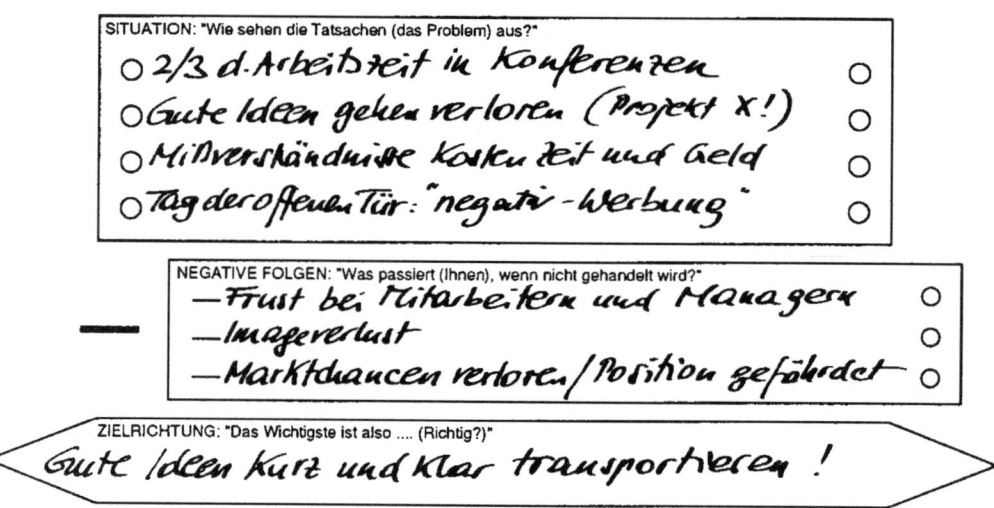

Jetzt sind Sie dran: übertragen Sie Ihre Notizen zu den ersten drei Schritten (Situation – negative Folgen – Zielrichtung) in dieses Arbeitsblatt. Dabei haben Sie gleich Gelegenheit, die Reihenfolge oder die Formulierung zu überprüfen.

Die eigenen Argumente zwischendurch auf Schlüssigkeit abklopfen!

Das ARGU-STRUKT ist ein Arbeitshilfsmittel für Sie – es soll Ihnen die Arbeit erleichtern. Deshalb sind ein paar Dinge eingebaut:
- Die kleinen Kreise am Zeilenende der verschiedenen Blöcke nützen Sie, um später noch die Reihenfolge der einzelnen Argumente ganz einfach zu ändern.
- Der enge Raum, den Sie für die einzelnen Schritte haben, ist auch kein Zufall: Sie sollen sich auf das Wichtigste konzentrieren!

⇒ Probleme und Bedürfnisse argumentativ ansprechen

Für später finden Sie am Ende des Buches noch komplette Kopiervorlagen für dieses und andere Arbeitshilfsmittel. Schreiben Sie jetzt einfach hier in dieses Blatt:

SITUATION: "Wie sehen die Tatsachen (das Problem) aus?"

NEGATIVE FOLGEN: "Was passiert (Ihnen), wenn nicht gehandelt wird?"

ZIELRICHTUNG: "Das Wichtigste ist also .... (Richtig?)"

Inhalte argumentativ aufbereiten

2.6 Vom Vorschlag zu den Maßnahmen – Nägel mit Köpfen machen!

Der zweite Teil des ARGU-STRUKTs hilft Ihnen, Ihren Vorschlag ebenso strukturiert und logisch aufzubauen und mit Ihrem Partner zu einem echten Ergebnis zu finden. Denn gewinnende Argumentation darf nicht in Unverbindlichkeit enden. Sie muß ihre Krönung in einem verbindlichen Abschluß finden. Auf den »Vorvertrag« muß ein »Vertrag« folgen.

Drei Elemente bilden den zweiten Teil des ARGU-STRUKs:

4. Vorschlag
5. Positives Ergebnis
6. Nächste Schritte

Die untere Hälfte Ihres neuen Arbeitshilfsmittels haben wir mit unserem Beispiel ausgefüllt, damit Sie auf den ersten Blick schon sehen, wie es funktioniert:

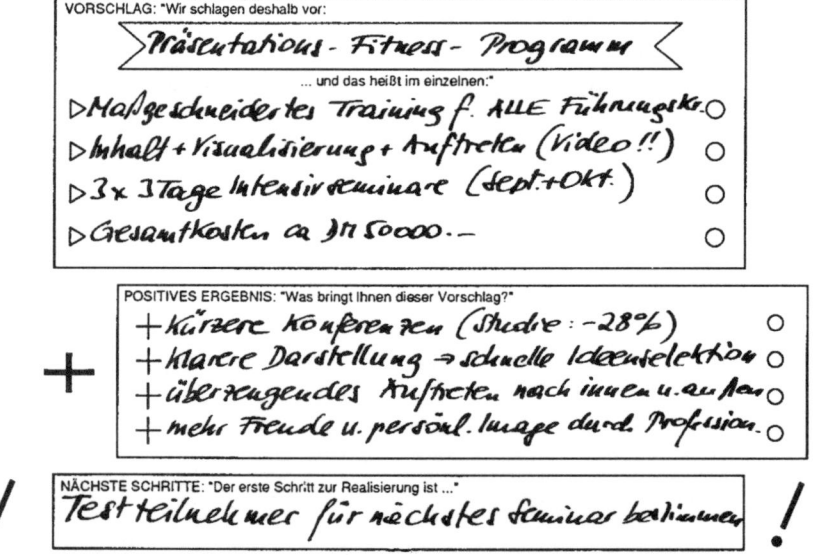

Wahrscheinlich wird Ihnen dieser zweite Teil leichter fallen. Der Vorschlag ist ja das, was Sie schon längst in Angriff nehmen wollten! Und die richtigen NEGATIVEN FOLGEN helfen Ihnen blitzartig zu den POSITIVEN ERGEBNISSEN. Nehmen Sie sich aber trotzdem etwas Zeit zur Vorbereitung, um Ihre Erfolgschancen zu optimieren.

➡ Vom Vorschlag zu den Maßnahmen – Nägel mit Köpfen machen!

Sehen wir uns die einzelnen Elemente etwas genauer an:

4. Vorschlag

Ihr Vorschlag braucht eine griffige Kurzbezeichnung, einen Namen. Im ARGU-STRUKT ist dieses Feld hervorgehoben. Mit dieser Bezeichnung/Überschrift soll sich Ihr Vorschlag einprägen – eine Art »geistiger Anker« für Sie selbst in der Vorbereitung und mit dem Partner im Gespräch. Und auch später können Sie leichter an dem »X-Vorschlag« anknüpfen. So ein Titel könnte sein:
- »*Die neue Rabattstaffel*«
- »*Kompetenzen ohne Krampf*«

Danach kommen die interessanten Einzelheiten Ihres Vorschlages (« ... *und das heißt im einzelnen:* ....«). Für Ihren Partner ist es wichtig, weil er für seine Entscheidung einiges wissen muß, beispielsweise:
- *Wie soll das funktionieren?*
- *Wer wird was machen?*
- *Wann wird damit begonnen, wann ist es fertig?*
- *Wieviel kostet es?*

So – Ihr Vorschlag ist endlich auf dem Tisch. Genügt das?

5. Positives Ergebnis

Das »positive Ergebnis« ist Ihr Versprechen, die negativen Folgen zu vermeiden. Je unangenehmer Sie diese negativen Folgen geschildert haben, je mehr Einigkeit Sie über die Dringlichkeit einer Gegenmaßnahme eingeholt haben, desto attraktiver werden die positiven Ergebnisse erscheinen.

Die Formulierung »*Was bringt IHNEN dieser Vorschlag?*« soll Sie daran erinnern, daß es bei dem positiven Ergebnis nur eine wichtige Person gibt: Ihren Partner! Ihr »Ergebnis« – also die Auswirkungen Ihres Vorschlages – muß für ihn attraktiv sein, für niemand sonst.

Es ist kein Zufall, daß hier das ARGU-STRUKT einen Punkt mehr als bei den negativen Folgen vorsieht: Das positive Ergebnis muß ALLE negativen Folgen auslöschen – aber zusätzlich soll es noch einen unerwarteten Vorteil bringen. Die »Waage« muß sozusagen zugunsten des Nutzens ausschlagen, dann wird Ihre Idee, Ihr Vorschlag »gekauft«. Andernfalls würden auch Sie selbst nicht bereit sein, den Vorschlag eines anderen Menschen anzunehmen. – Auch das können Sie bei Ihrer strukturierten Vorbereitung selbst leicht überprüfen.

6. Nächste Schritte

Vor dem Eintritt in die Argumentationssituation müssen Sie sich auch darüber

⇒ Vom Vorschlag zu den Maßnahmen – Nägel mit Köpfen machen!

klar werden, was das konkrete Ergebnis sein soll. Mit den nächsten Schritten oder auch dem einen nächsten Schritt wird das eigentliche Ergebnis Ihrer Mühe fixiert.

Das »Ja!« zu diesen Maßnahmen ist der »Vertrag«. Ebenso wie der »Vorvertrag« über die Zielrichtung, ist auch er nur dann wirklich bindend, wenn Sie wiederum die ausdrückliche Zustimmung Ihres Partners einholen.

Jetzt sind wieder Sie an der Reihe: Füllen Sie bitte Ihr ARGU-STRUKT für die Schritte 4 bis 6 aus!

2.7 Prägnante Anker für Start und Finale

Am Anfang und am Ende des vollständigen ARGU-STRUKT befinden sich zwei bisher unerwähnte Elemente:

Schlagzeile

Sie ist gleich zu Beginn Ihre Antwort auf die (stumme) Frage Ihres Partners: *»Worum geht es heute?«* – Eine gute Schlagzeile weckt Aufmerksamkeit und »Appetit« auf das, was danach kommt. Denken Sie an den Marktschreier, wie er mit seiner Faust auf den Tisch schlägt, so daß die Vorübergehenden aufmerksam werden? Wenn Ihnen dieser Vergleich nicht gefällt: Welche Aufgabe hat eine gute Schlagzeile in Ihrer Zeitung? Sie reißt den Inhalt an, gibt ihn aber noch nicht ganz preis. In unserem Fall heißt das, daß Sie zwar das Problem ansprechen sollen, aber keinesfalls den Vorschlag preisgeben dürfen. Diesen halten wir ja bis nach der gemeinsam vereinbarten Zielrichtung zurück!

In unserem Beispiel könnte die Schlagzeile lauten: *Kommunikations-Killer: Langeweile und Lähmung!*

Auflösung

Ihre einprägsame Schlußbotschaft. Was Sie damit »auflösen«? Die Frage (oder die provokante Behauptung), die Sie in der Schlagzeile aufgeworfen haben. Sie drückt in verdichteter Form die (positive) Veränderung aus, die Sie mit Ihrem Vorschlag versprechen. Dazu drehen Sie den Inhalt Ihrer Schlagzeile (inhaltlich) um: *Präsentations-Fitneß für kompakte Kommunikation!*

Formulieren Sie jetzt eine griffige, prägnante Schlagzeile für den Start – und eine positive Auflösung für das Finale Ihrer Argumentation!

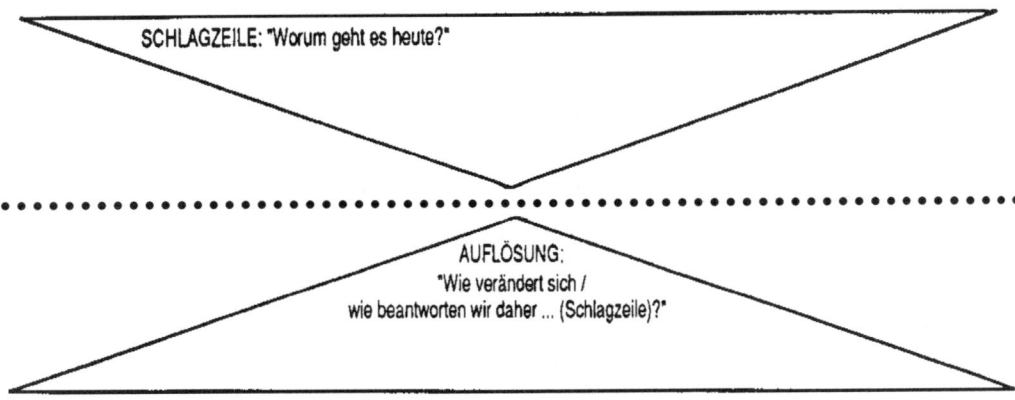

⇒ Prägnante Anker für Start und Finale

Schlagzeile und Auflösung sind Elemente aus der Präsentation – wir haben festgestellt, daß sie auch hier sehr gut funktionieren. Mit dem »geistigen Anker« einer Schlagzeile können Sie eine ausufernde Diskussion verhindern, indem Sie damit zum eigentlichen Thema zurückführen. Mit der Auflösung am Ende verankern Sie das gemeinsame Ergebnis mit nachhaltiger Wirkung für die Zukunft.

Ein Vorteil Ihres ARGU-STRUKTs: Alle Argumente auf EINER Seite!

So behalten Sie in der Vorbereitung den Überblick und können sich dieses »Bild« gleich auch für die Argumentationssituation gut einprägen. – Sicher in der Sache zu sein, drückt sich auch darin aus, nicht an einem Blatt Papier kleben zu müssen. Ihre Chancen steigen, wenn Sie Ihre Argumente aus dem Kopf beherrschen, aus der Sicht des Partners spontan reagieren.

Geländewagen für Schiffbrüchige? – Nur keine Zwangsbeglückung!

Die Vorbereitung nach dem ARGU-STRUKT hilft Ihnen auch bei der Überprüfung der Schlüssigkeit des eigenen Vorschlages. Eine solche Selbstkontrolle in der Vorbereitung ist äußerst wichtig. Immer wieder kommt es vor, daß ein Vorschlag zwar an sich gut ist, aber mit der Situation nichts zu tun hat, die er verbessern soll. – »Gute Idee sucht geeignetes Problem!« In einem solchen Fall hilft alles Argumentieren nichts.

Sie können einem auf einer winzigen Insel festsitzenden Schiffbrüchigen auch mit dem tollsten Geländewagen kaum Freude bereiten.

Disziplin und Struktur in der Vorbereitung rechnen sich!

Mit einem ausgefüllten ARGU-STRUKT besitzen Sie ein Werkzeug, das Sie sicher in der Sache macht, denn
- sein logischer Aufbau sorgt schon während der Vorbereitung dafür, daß Ihr Inhalt schlüssig bleibt;
- seine übersichtliche Struktur führt Sie wie ein roter Faden durch den Dschungel Ihrer streßbelasteten Argumentationssituation;
- Ihre Argumentationsschritte werden partnerorientiert geordnet.

Es könnte sein, daß Sie jetzt von einigen Fragen geplagt werden, zum Beispiel: Was nützt mir die schönste Ordnung meiner Argumente, wenn mich mein Partner nach der ersten Tatsache der Situationsbeschreibung unterbricht?

▸ Prägnante Anker für Start und Finale

Freiheit bedeutet, von einer Marschroute ABWEICHEN zu können.
Auf eine Marschroute zu VERZICHTEN, das garantiert den Weg ins Chaos.

Sie werden in der Argumentationssituation tatsächlich sehr oft von Ihrer Marschroute abweichen. Und noch häufiger werden Sie sich selbst stoppen und den Partner fragen: »*Sehen Sie das auch so?*« oder »*Habe ich das richtig verstanden?*« Ihr ARGU-STRUKT hilft Ihnen aber dabei, schnell wieder zu Ihrer Linie zurückzufinden, verhindert das gefährliche »sich verzetteln«, zu dem Sie geübte Gegner gerne verleiten.

Jetzt aber zum »WER?« – und damit zu einer Kernfrage mit erstaunlich weitreichenden Konsequenzen für Ihren Argumentationserfolg. Die Auseinandersetzung mit dieser Frage kann auch Ihr bisheriges ARGU-STRUKT beeinflussen. Ob das auf Ihren Fall zutrifft, werden Sie später selbst beurteilen.

Teil 3:

Der Partner unter der Lupe

3.1 Die Grundfrage: Gegner oder Partner?

Die schwierigsten Gesprächs- und Argumentationssituation ergeben sich, wenn man es tatsächlich mit einem Gegner zu tun hat. Und es ist auch richtig, daß man nicht immer auf Freunde trifft. Ob jemand, der wie ein Gegner aussieht, ein solcher ist, kann häufig nicht auf den ersten Blick festgestellt werden.

Sicher ist nur, daß man mit Gegnern anders umgeht als mit Menschen, die man als Partner sieht. Damit bestimmt man aber auch selbst, ob der andere mehr gegnerschaftlich oder partnerschaftlich auf einen zugeht.

Auch der andere richtet seine Sensoren auf uns aus. Er beurteilt, wie wir selbst, die Situation und stellt sich aufgrund der empfangenen Signale ein: partnerschaftlich oder als Gegner. Dazu eine kurze Geschichte:

Ein Mann geht nachts alleine durch eine einsame Gasse ...
... da kommt ihm eine dunkle Gestalt höchst verdächtig entgegen. Gefahr! In unserem Spaziergänger steigt die Angst hoch, er nimmt alle seine Kräfte – und seinen Mut – zusammen und geht, gefaßt auf den Angriff, gerüstet auf den anderen zu. Da – kurz vor dem Zusammentreffen der beiden zieht der Unbekannte die Hände aus den Taschen. Aber unser Mann ist auf der Hut! Er reagiert blitzschnell und schlägt zu. Der andere schlägt zurück – aber nach kurzer Rauferei stellt sich heraus: Die unheimliche, dunkle Gestalt ist ein Nachbar, ebenso auf einem nächtlichen Spaziergang unterwegs. Wegen der kalten Nacht ist er so vermummt und hat deshalb so unheimlich gewirkt.

Hätte er das gewußt ...
... er wäre locker auf den anderen zugegangen und hätte das Herausnehmen der Hände aus den Manteltaschen als nichts anderes als die Vorbereitung auf ein freundliches Händeschütteln gewertet. Die Rauferei wäre ausgeblieben, man hätte sich kurz unterhalten – eine Begegnung wie viele andere ...

Unsere Erwartung bestimmt unsere Wahrnehmung.

Natürlich weiß man vielfach nicht, ob einem eine Freund oder ein Feind entgegenkommt. Darum haben wir einen starken Verteidigungs- und

⟹ Die Grundfrage: Gegner oder Partner?

Abwehrinstinkt. Vor allem Unbekannte werden auf »Verdächtigkeit« überprüft. Das ist ein Instinkt, der in Extremsituationen vielleicht sogar lebensrettend sein kann. Wichtig ist es dabei allerdings, unsere Urteilskraft soweit zu entwickeln, daß wir unangebrachte Angriffe vermeiden können. Denn, und das sollte die kurze Geschichte zeigen, es können durch unnötige Verteidigungsaktivitäten, die der andere als Angriff sehen muß, unnötige Konflikte entstehen: Konflikte, die unter Umständen schwerwiegende Folgen haben können. Konflikte, die bestimmt nicht hilfreich sind, den anderen als Partner gewinnen zu können. Darum geht es aber – den anderen für unser Anliegen als Partner zu gewinnen.

Haben auch Sie schon erlebt, daß Ihre erste oberflächliche Einschätzung eines Partners zu negativ war? Hätten Sie sich – im nachhinein betrachtet – anders leichter getan? Wir gehen auf Gegner anders als auf Partner zu. Das gilt nicht nur im physischen Sinn, sondern auch in der Kommunikation.

Gegner werden auch als »Gegner« behandelt ...

Abgesehen von Körperhaltung, Mimik und Gestik ändert sich auch unser Tonfall. Er ist schärfer, so wie auch die Aussagen schärfer sind. Das gilt jedenfalls für Menschen, die nach dem Prinzip »Angriff ist die beste Verteidigung« leben. Andere wieder ziehen sich ängstlich in sich zurück. Sie gehen also nicht aus sich heraus und können dadurch nicht gewinnend wirken.

Überprüfen Sie nun Ihr eigenes Verhalten, Ihre Vorgangsweise. Wo liegen die Unterschiede? Diese Gegenüberstellung hilft Ihnen, sich Ihre unbewußten Reaktionsmuster bewußt zu machen und sie in Zukunft kontrolliert einzusetzen.

Ergänzen Sie die folgende Gegenüberstellung mit den Unterschieden, die Sie selbst machen (die ersten beiden Zeilen haben wir als Beipiel ausgefüllt, sie müssen für Ihr Verhalten gar nicht zutreffen!):

Wie verhalten Sie sich gegenüber einem ...

Gegner?

- *Vorsichtige Annäherung*
- *Suche nach dem Angriff in seiner Aussage*

- _____

- _____

Partner?

- *Offene Begegnung*
- *Seine Aussagen sind interessante Informationen*

- _____

- _____

➭ Die Grundfrage: Gegner oder Partner?

- _____
- _____
- _____
- _____
- _____
- _____

Die Frage, ob Sie lieber Ihr Gegner oder Ihr Partner sein würden, dürfte sich erübrigen. Nur wenige Menschen wünschen sich Gegnerschaft. Auch Ihre Partner nicht.

Wir empfehlen Ihnen keine »Blauäugigkeit« im Umgang mit anderen Menschen. Sie sollen sich nur dessen bewußt werden, daß Sie andere Menschen durch Ihre partnerschaftliche Behandlung zu Partnern machen können. Und umgekehrt ...

Dem Freundlichen fliegen die Herzen zu, nicht dem Unfreundlichen!

Das gilt für Sie genauso wie für Ihr Gegenüber ...

3.2 Auf dem Weg zur partnerschaftlichen Einstellung

Wie findet man zu einer partnerschaftlichen Einstellung, die es einem erlaubt, positiv auf den anderen zuzugehen? Denken wir nochmals an die kleine Geschichte von einigen Seiten vorher: Das Problem des einen war, daß er den anderen nicht erkannte.

Ein wesentlicher Teil der Vorbereitung auf eine Argumentationssituation muß sich also damit beschäftigen, den bzw. die Partner kennenzulernen. Der Aufwand rechnet sich und ist sicher nicht größer, als sich für alle kriegerischen Eventualitäten zu rüsten.

Es ist mühsam, so mit Waffen, Munition und Rüstung belastet durch die Gegend zu marschieren.

Wer sich bis an die Zähne bewaffnet, verliert seine Beweglichkeit.

Und ob wir im Einzelfall das richtige Instrument finden, ist mehr als fraglich ...

➡ Auf dem Weg zur partnerschaftlichen Einstellung

Den oder die Partner kennenzulernen, das macht Ihre Vorbereitung und vor allem die Argumentationssituation selbst effizienter und einfacher.

Auch von »unbekannten« Partnern wissen wir meist einiges, was die Person und ihre voraussichtlichen Reaktionen einschätzbar macht. Mit gänzlich unbekannten Personen verhandeln wir ja selten. In der Regel kennen wir zum Beispiel den Namen, die Position und haben einige weitere Informationen über unseren Gesprächspartner. Daraus läßt sich meist schon ein beachtliches Profil des Partners erstellen.

Wesentliche Elemente, die ein »Partnerprofil« ergeben, sind:

1. »Steckbrief«

Daten wie Name, Alter, Geschlecht, Position im Unternehmen, aber auch private – allgemein bekannte – Fakten gehören hierher, wie etwa Hobbys.

2. Wissensstand

Ausbildung bzw. Ausbildungsrichtung, bekannte berufliche Erfahrungen, aber auch geistige Werte, wie zum Beispiel Logik, Transparenz usw. Damit begreifen Sie den »intellektuellen Hintergrund« und können Sachargumente leichter vorhersehen.

3. Einstellung

Hierher gehören die politische Orientierung, Religion, aber auch emotionale Werte, wie beispielsweise die Einstellung zum Umweltschutz oder zur Emanzipation. Damit können Sie sich auf »heikle« Themen einstellen und mit entsprechenden Vorurteilen rechnen – deshalb haben wir diesen Kreis dem Herzen zugeordnet.

4. Verbündete und Verflechtungen

Die (gesellschaftliche) Basis, von der aus unser Partner agiert. Personen, zu denen Beziehungen bestehen, und bekannte Zugehörigkeit zu Gruppierungen (Lobbys, Parteien ...). Das gibt Ihnen Aufschluß über tatsächliche Handlungsspielräume.

5. Leitspruch

Welches »Bekenntnis« trägt Ihr Partner oft und gerne vor sich her? »*Man muß das Rad nicht neu erfinden!*« oder »*Es gibt keine einfachen Lösungen – die Welt ist viel zu kompliziert!*« Bereiten Sie sich darauf vor!

Der Partner unter der Lupe

6. Dossier

Geheiminformationen sind eine heikle Angelegenheit. In einer partnerschaftlichen Argumentation dürfen Sie diese Fakten nur passiv verwenden: nicht aktiv nützen!

Wir nennen dieses Werkzeug »PartnerProfil«, und seine Aufgabe ist es, Ihnen – wieder auf einer Seite – zu einem Überblick über die »Seelenlandschaft« Ihres Partners zu verhelfen.

In unserem Beispiel hat der Trainingsanbieter den Geschäftsführer Otto Berger als Schlüsselfigur festgestellt und sich ein bißchen umgehört. Es war gar nicht schwer, einige Fakten in Erfahrung zu bringen, die ihm viel Einblick verschaffen!

Auf dem Weg zur partnerschaftlichen Einstellung

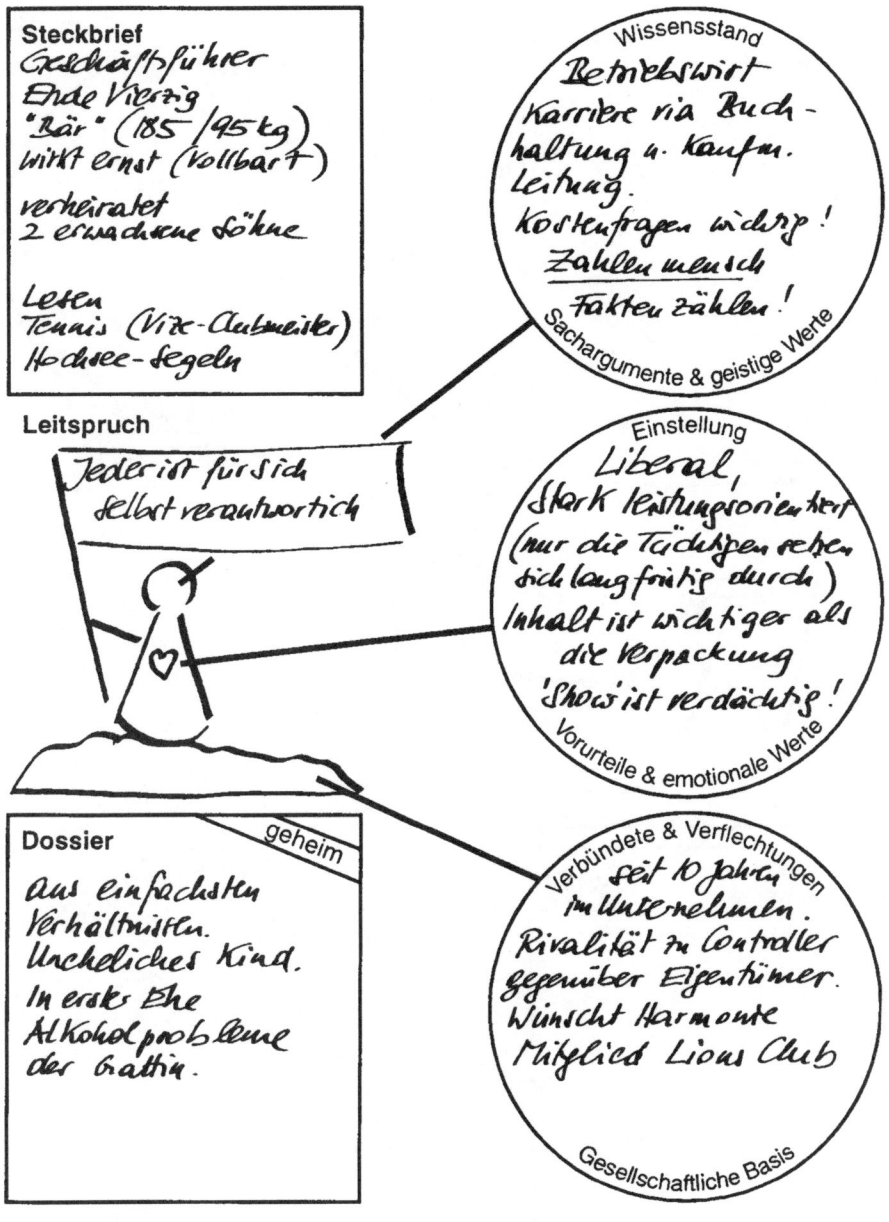

Der Partner unter der Lupe

⇒ Auf dem Weg zur partnerschaftlichen Einstellung

Erstellen Sie nun bitte selbst ein PartnerProfil für den wichtigsten Partner Ihres Übungsfalles:

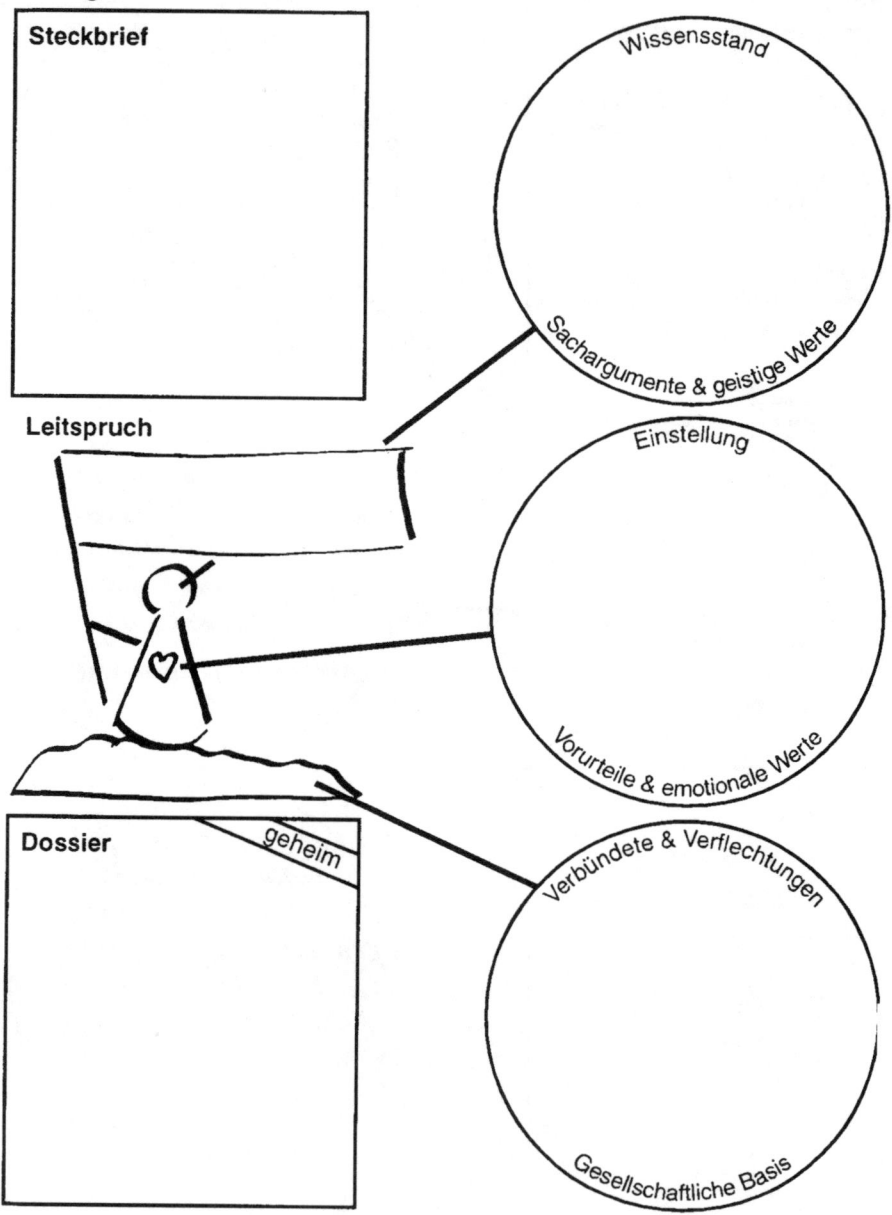

Der Partner unter der Lupe

→ Auf dem Weg zur partnerschaftlichen Einstellung

Wer sich in seinen Partner hineinfühlt, weiß, was auf ihn zukommt.

Betrachen Sie dieses PartnerProfil: Hätten Sie gedacht, daß Sie so viel über Ihren Partner wissen? Die systematische Vorgangsweise fördert mehr zu Tage, als Sie zunächst erwarten. Sachargumente werden vorhersehbar, Vorurteile zeichnen sich ab – und ein realistischer Blick auf die Handlungsspielräume Ihres Partners wird möglich.

Mit dem PartnerProfil neue Zugänge zu Ihrem Gegenüber öffnen

Das ist aber notwendig, BEVOR Sie ihm im Streß der Argumentationssituation gegenübertreten. Damit können Sie sich argumentativ gezielt rüsten, statt in ein sinnloses »Arsenal für alle Fälle« zu investieren.

Sie gewinnen so auch Verständnis für die Ausgangslage, aus der Ihnen der Partner entgegentritt. So können Sie ihn fordern, ohne ihn zu überfordern, und damit seine Aufnahmebereitschaft für Ihr Anliegen aufbauen.

Ein Schuft, der mehr verspricht, als er besitzt – und ein Phantast, der mehr verlangt oder erwartet!

Welchen Sinn hat es, von jemandem etwas zu erwarten – oder zu fordern –, was dieser beim besten Willen nicht erfüllen kann? Ganz einfach, weil er dazu nicht in der Lage ist oder ihm seine Einbindung in eine Gruppierung den zugemuteten Schritt gar nicht erlauben kann.

Wie können Sie den Zugang zum Partner noch vergrößern – und damit Ihre Erfolgschance, ihn zu gewinnen?

Der Partner unter der Lupe

3.3 Schnittstellen zum Partner finden – und nützen!

»Gewinnende Argumentation« setzt voraus, daß Sie zwei ursprünglich getrennte Kreise zumindest teilweise zur Deckung bringen. Dadurch entstehen »Schnittstellen«.

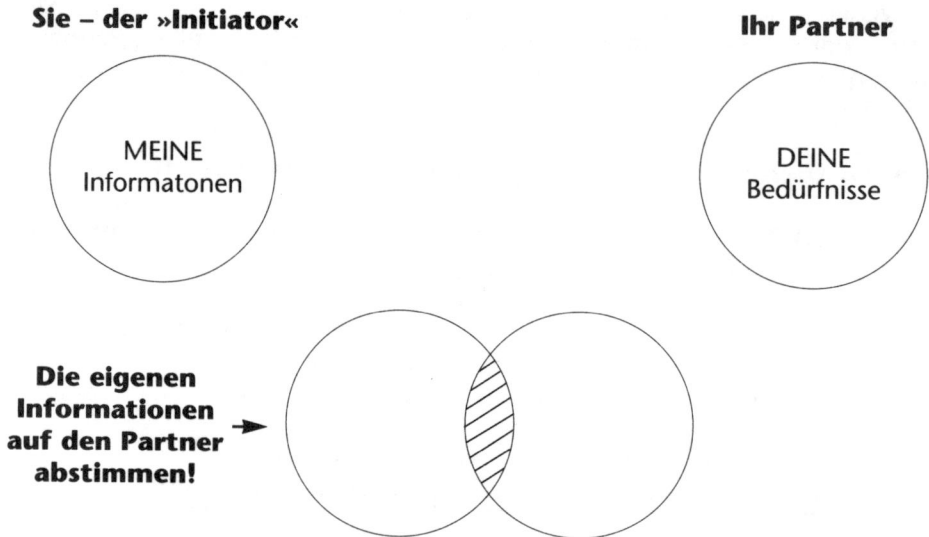

Ihre Aufgabe als partnerorientierter Verhandler ist es, Ihre eigenen Informationen (= Argumente) so darzustellen, daß Sie damit die Bedürfnisse Ihres Partners ansprechen. Die beiden Kreise werden sich kaum völlig decken können, was auch gar nicht nötig ist. Es geht ja lediglich darum, in einer Angelegenheit, die für beide Seiten Bedeutung hat, zusammenzufinden, und nicht darum, den jeweils anderen mit Haut und Haar zu vereinnahmen.

Welche Bedürfnisse können, sollen Sie ansprechen? Es gibt zwei Fragen, die ALLE interessieren. Die erste lautet:

Wo ist MEIN VORTEIL?

Schließlich sind wir alle in erster Linie an uns selbst interessiert – ein durchaus von Mutter Evolution gewollter Egoismus. Die zweite Frage ist die Kehrseite der ersten – und sie interessiert ebenfalls ALLE:

Welche GEFAHR droht MIR?

⇒ Schnittstellen zum Partner finden – und nützen!

Diese Fragen bewegen uns unentwegt mehr oder weniger bewußt. Sie sind uns von der Natur mitgegeben, denn auch jedes Tier sucht fast ständig nach zusätzlicher Nahrung (= Vorteil) und muß sich dauernd um seinen Schutz bemühen (= drohende Gefahren erkennen und abwehren).

Bei jedem Menschen ist der Vorteil ein Schnittstellenbereich, der angesprochen werden kann. Es geht also um den Vorteil des Partners, den er erwarten kann, wenn er sich für Ihre Idee, Ihren Vorschlag gewinnen läßt. Ohne einen solchen Vorteil werden Sie ihn nicht bewegen können. – Es sei denn, Sie können ihn mit Macht treiben. Das ist aber ein ganz anderes Thema, denn dann werden Sie sich der Mühe des Argumentierens gar nicht unterziehen.

Um die Schnittstellen zum Partner zu finden, müssen wir uns neuerlich mit ihm auseinandersetzen. Wir haben das schon im PartnerProfil getan und gehen jetzt in die Tiefe. Welche Bedürfnisse, Interessen, Ängste usw. bewegen ihn?

Bei dieser »Analyse« helfen Ihnen vier Felder. Sie ergeben sich aus der Tatsache, daß es rationale und emotionale Beweggründe gibt, die jeweils der beruflichen oder der privaten Sphäre zugehören.

Dementsprechend sind die vier Felder bezeichnet:

- **persönlich/rational** (z. B. hohes Einkommen für Familienunterhalt)

- **persönlich/emotional** (z. B. Angst, vor Freunden lächerlich zu werden)

- **beruflich/rational** (z. B. hoher Gewinn des Unternehmens)

- **beruflich/emotional** (z. B. als Spezialist bewundert werden)

Je mehr Details zur Person sie diesen vier Feldern zuordnen können, desto mehr Schnittstellen finden Sie beim Partner. Damit wissen Sie, womit Sie ihn bewegen, welche Vorteile er sucht und braucht. Sie wissen damit aber auch, was er besonders fürchtet und wo er daher besondere Widerstände entwickeln wird.

Der Partner unter der Lupe

➠ *Schnittstellen zum Partner finden – und nützen!*

Füllen Sie daher die vier Felder für Ihren wesentlichen Partner aus:

	persönlich	beruflich
rational		
emotional		

»Argumentations-Katastrophen«
passieren meist durch Unterschätzung der emotionalen Kräfte!

Wir Menschen sind keine »rationalen Entscheidungsautomaten« – beachten Sie daher besonders die beiden »emotionalen Felder«!

3.4 Sperren ausräumen, die den Partner am Mitgehen hindern

Was tun Sie, wenn Ihr Partner nach einer Phase des Mitgehens plötzlich »blockiert«? Gerade nahe dem Ziel gefährden solche Verhärtungen des Gespräches einen schon greifbaren Verhandlungserfolg.

Bis hierher haben wir uns in den Partner schon so gut eingefühlt, daß wir wissen, was ihn bewegt. Jetzt geht es darum, herauszufinden, was ihn »sperren« könnte. Wir tun das, um uns die Enttäuschung unliebsamer Überraschungen zu ersparen. Wenn man schon Hindernisse überwinden muß, ist es leichter, sie vorher zu kennen und richtig vorbereitet auf sie zuzugehen.

In diesem letzten Analyseschritt suchen wir also allfällige »Sperren« bei unserem Partner. Besonders, um herauszufinden, welche dieser Hindernisse in gemeinsamer Anstrengung mit dem Partner beseitigt werden können. Gerade dafür könnte er Ihnen dankbar und schon deshalb bereit sein, Ihnen entgegenzukommen.

Der »Sperren-Analysator« wird Ihnen diese Analysearbeit erleichtern. Sie können damit die Interessen und die – daraus fließenden – Einwände von vier Personen (oder Personengruppen) analysieren. (In unserem Beispiel sieht der Seminaranbieter auch den technischen Leiter als Mitentscheider genau an.)

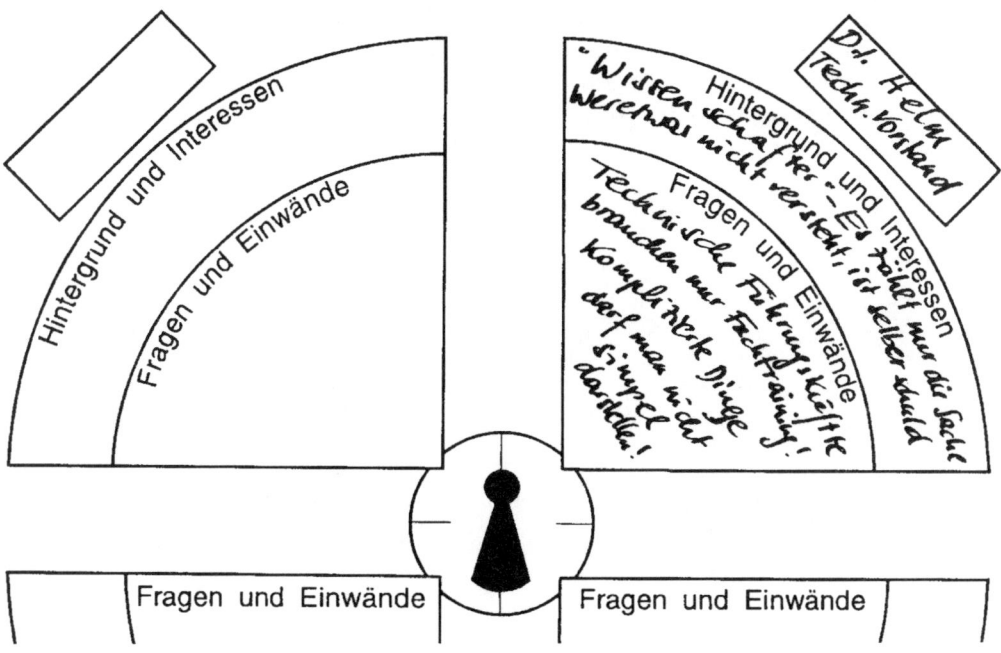

Der Partner unter der Lupe

⟶ Sperren ausräumen, die den Partner am Mitgehen hindern

Mit dem PartnerProfil und der Suche nach den Schnittstellen haben wir bereits wesentliche Voraussetzungen für diese Analyse geschaffen. Hintergrund und Interessen Ihres Partners ergeben vorhersehbare Fragen und Einwände. Die bekannten Standardfragen und Einwände Ihres Partners lassen auf vielleicht noch nicht erkannte Interessen und bisher noch nicht entdeckte Abhängigkeiten materieller oder persönlicher Art schließen.

Hier sind Ihre Phantasie und Ihre Lebenserfahrung angesprochen. Wenn zum Beispiel jemand seine Partnerin für einen Urlaub auf einem Segelboot gewinnen will, könnte deren Blockieren den Hintergrund einer ungeheuren Angst vor dem Ertrinken im »feindlichen Element« Wasser haben. Vergleichbare Situationen gibt es auch im Geschäftsleben, wenn etwa ein Vorschlag hohe Investitionen mit der Bereitschaft zur Aufnahme eines großen Kredites erfordert, der damit konfrontierte Gesprächspartner aber gerade vor diesen Risiken große Angst hat.

Ängste und »Sperrfaktoren« bleiben meist »unter dem Teppich«!

Sie werden häufig nicht direkt ausgesprochen. Wir unterstellen dann böswillige (weil unerklärliche) Verhinderungsabsichten, was kaum eine günstige Ausgangslage für gewinnende Argumentation schafft. Betrachen Sie dieses Verhalten dagegen als vom Partner selbst nicht erwünschte »Sperren«, dann hilft Ihnen diese Einsicht, Lösungswege zu finden.

Wenn Sie wissen, was auf Sie zukommt, können Sie Vorsorge treffen. Das ermöglicht Ihnen ein konstruktives und ruhiges Zugehen auf solche Hindernisse.

➠ Sperren ausräumen, die den Partner am Mitgehen hindern

Versuchen Sie das jetzt für einen Partner, dessen Namen Sie in das schräggestellte Rechteck setzen!

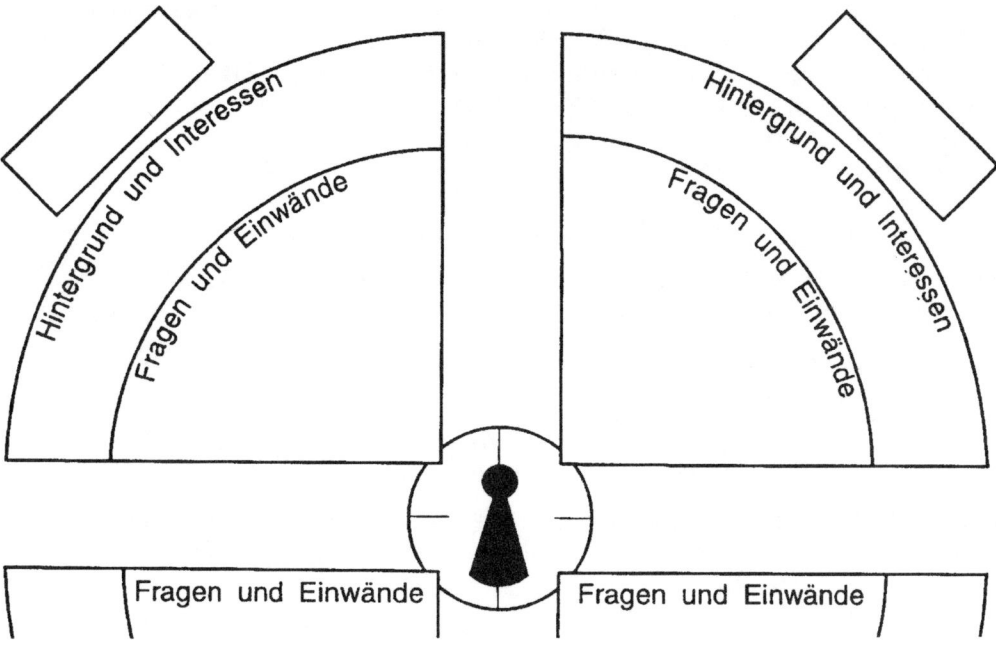

Der Partner unter der Lupe

3.5 Partnerorientiert argumentieren – und überzeugen

Die Sache, Ihre Idee, Ihren Vorschlag haben Sie zunächst für sich selbst überlegt und entwickelt. Das erste ARGU-STRUKT wurde noch auf dieser Basis erstellt. Nachdem Sie sich inzwischen in der Vorbereitung intensiv mit Ihrem Partner auseinandersetzten und ihn analysierten, könnten Sie neue Erkenntnisse gewonnen haben. Eigentlich sind Sie erst jetzt in der Lage, das in der Argumentation verwendbare ARGU-STRUKT auszuarbeiten.

Wahrscheinlich stellen Sie jetzt fest:

- Die Darstellung der SITUATION ist unverändert zutreffend.
- Den Block NEGATIVE FOLGEN müssen Sie überarbeiten: Wirksamere Schnittstellen ermöglichen eine stärkere Dramatisierung – aus Partnersicht!
- Die ZIELRICHTUNG paßt – können Sie sie in der konkreten Formulierung noch verbessern?
- Der VORSCHLAG stimmt noch. Sagt Ihnen das PartnerProfil, daß Ihren Partner eigentlich andere Einzelheiten interessieren?
- Die POSITIVEN ERGEBNISSE müssen Sie den – neuen – negativen Folgen entsprechend verändern. – Gibt es einen neuen Vorteil für Ihren Partner im emotionalen Bereich?
- Die NÄCHSTEN SCHRITTE könnte noch passen, wenn Sie hier nicht ausgerechnet etwas vorgesehen hätten, das Ihrem Partner trotz grundsätzlicher Bereitschaft mit Ihnen zu gehen, am allerschwersten fällt (siehe Sperren-Analysator).
- SCHLAGZEILE und AUFLÖSUNG sind in der Regel Elemente, die bei jedem zweiten Hinsehen zur Umformulierung anregen. Das liegt an der Verdichtung der Aussagen. – Je mehr Sie an Ihrem ARGU-STRUKT zu ändern haben, umso mehr wird es nötig sein, auch diese beiden Elemente neu zu gestalten.

Wozu haben wir Sie diesen Weg gehen lassen?
Es ging uns darum, Sie erleben zu lassen, daß der »natürliche« Weg, sich eine Sache eigentlich nur für sich selbst zurechtzulegen, noch nicht deren »Verkauf« ermöglicht. In Zukunft machen Sie vorher die Partneranalyse – PartnerProfil, Schnittstellen, Sperren-Analysator – dann paßt das ARGU-STRUKT auf Anhieb. Nach diesem Lernprozeß sind Sie topfit für ein maßgeschneidertes ARGU-STRUKT:

➟ *Partnerorientiert argumentieren – und überzeugen*

ARGU-STRUKT System für überzeugende Argumentation

SCHLAGZEILE: "Worum geht es heute?"

SITUATION: "Wie sehen die Tatsachen (das Problem) aus?"
- ○ ○
- ○ ○
- ○ ○
- ○ ○

− NEGATIVE FOLGEN: "Was passiert (Ihnen), wenn nicht gehandelt wird?"
- — ○
- — ○
- — ○

ZIELRICHTUNG: "Das Wichtigste ist also .... (Richtig?)"

VORSCHLAG: "Wir schlagen deshalb vor:

... und das heißt im einzelnen:"
- ▷ ○
- ▷ ○
- ▷ ○
- ▷ ○

+ POSITIVES ERGEBNIS: "Was bringt Ihnen dieser Vorschlag?"
- + ○
- + ○
- + ○
- + ○

! NÄCHSTE SCHRITTE: "Der erste Schritt zur Realisierung ist ..." **!**

AUFLÖSUNG:
"Wie verändert sich /
wie beantworten wir daher ... (Schlagzeile)?"

Der Partner unter der Lupe

Teil 4:

Argumente aufbereiten und dosieren

4.1 Mit Bildern Verständnis und Ein-Sicht schaffen

Jetzt kommen wir zu unserer dritten Frage – dem »WIE«. Was können Sie tun, um aus Ihren vorbereiteten Argumenten die größte Überzeugungskraft herauszuholen?

Der Mensch ist ein neugieriges Augentier.

Den überwiegenden Teil der Informationen nehmen wir mit den Augen auf. Von unseren fünf Sinnen, also unseren fünf Informationskanälen, entfällt auf das Sehen mit 75 Prozent der Informationskapazität der Löwenanteil.

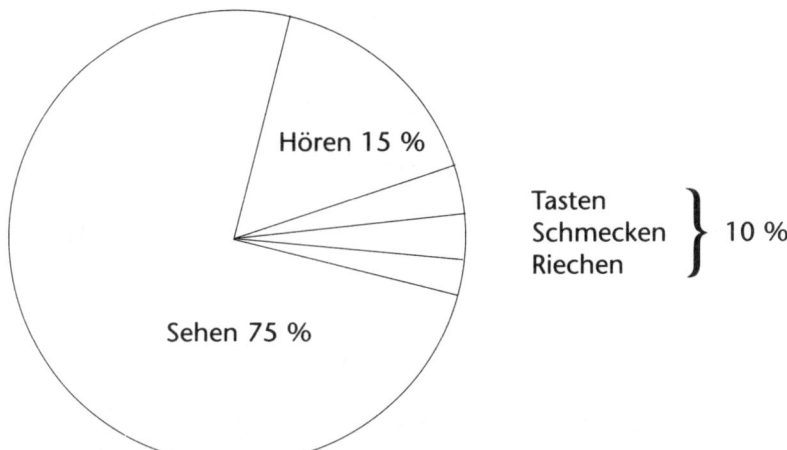

Unsere Wahrnehmungsfähigkeit wird von der Verarbeitungskapazität und der Merkfähigkeit des Gehirns bestimmt. Wir neigen dazu, uns »ein Bild zu machen«, uns Bilder einzuprägen. So finden wir vielleicht einen Ort, den wir kennen müßten, unter seinem Namen nicht in unserem »geistigen Bilderkasten«. Zeigt uns aber jemand eine Ansichtskarte (= ein Bild) dieses Ortes, an den wir uns längst nicht mehr erinnert hatten, dann erkennen wir diesen Ort nicht nur wieder, sondern es läuft ein »Film« in unserem Kopf ab: Wir sind wieder in der damaligen Situation.

➔ Mit Bildern Verständnis und Ein-Sicht schaffen

Vorsicht vor abstrakten Fakten und Fachchinesisch-Kürzeln!

Das gesprochene Informationsangebot, das wir in der Argumentation verwenden, nimmt auf die menschliche Bildorientierung wenig, manchmal gar nicht, Rücksicht. Unsere Sprache ist zunehmend bildarm geworden. Wir sprechen in Fakten und Kürzeln – das sind abstrakte, digitale Informationen. Abgesehen davon, daß Kürzel so etwas wie eine »Geheimsprache« sind, die nur von einem sehr beschränkten Personenkreis wirklich verstanden wird, beansprucht jede abstrakte, digitale Information geistige Kapazität: Der Empfänger muß sich daraus »ein Bild machen«.

Natürlich brauchen wir auch Daten und Fakten, also digitale Informationen, zum Beispiel Zahlen, um eine Größe exakt festzustellen. Wenn Sie aber nicht gerade an der Buchhaltung arbeiten, wo Zahlen bis auf die letzte Kommastelle stimmen müssen, runden wir besser auf oder ab. In Gesprächen über Millionenwerte wird »6.314.521« verkürzt auf »sechs Komma drei Millionen«. Mehr Genauigkeit würde in dieser Phase irritieren, sie würde unser »Bild« stören.

Gleich ein Bild mitzuliefern, das macht Aussagen über Zahlen wirkungsvoller, besonders dann, wenn Sie damit besonders bewegen wollen.

Welche Aussage wirkt argumentativ stärker?

Stellen Sie sich vor, Sie wollten jemand mit der Aussage über die jährliche Reduktion der Regenwaldfläche beeindrucken. Sie könnten (digital-abstrakt) sagen:

»*Die Regenwaldfläche wird jährlich um 200.000 km² reduziert.*«
Oder Sie sagen:
»*Die Regenwaldfläche wird jede Minute um 40 Fußballfelder kleiner!*«

Was meinen Sie, welche der beiden – inhaltlich identen – Aussagen stärker wirkt?

Bilder bewegen Ihren Partner.

Bilder sind analoge – eigentlich »wort-lose« – Informationen. Sie erlauben uns »Analogien« herzustellen, also bildhafte Gegenüberstellungen und Vergleiche vorzunehmen. »Äpfel und Birnen vergleichen« macht wenig Sinn. Für unser

→ Mit Bildern Verständnis und Ein-Sicht schaffen

Thema bedeutet das, daß die »Bilder«, mit denen wir beim Sprechen wirkungsvoll operieren können, mit der Vorstellungswelt des »Betrachters«, also des zuhörenden Partners, übereinstimmen müssen. Ist dies nicht der Fall, macht sich der Partner ein falsches Bild.

Selbst ein so simpler Begriff wie »Tisch« produziert bei verschiedenen Personen unterschiedliche Bilder im Kopf.

4.2 Mit Sprach-Bildern das Verständnis bewegen

Zur gewinnenden Argumentation benötigen Sie daher auch einen reichhaltigen »Bilderkasten«. Bitte keine Illusionen: In der Hektik Ihrer Argumentation fällt Ihnen garantiert kein Bild ein – jedenfalls nicht das richtige! Also: vorbereiten! Da sich der Partner ohnehin von dem, was Sie ihm erzählen, ein Bild machen muß, wird er es als angenehmes Service empfinden, wenn Sie ihm die geeigneten Bilder gleich »mitliefern«.

Warum Sie zeitgerecht an Ihrem Bilderkasten basteln sollten

- Bilder erleichtern dem Partner das Zuhören, was für Sie wichtig ist, weil sonst wichtige Details Ihrer Aussage verlorengehen und daraus Mißverständnisse entstehen können.
- Bilder führen zu authentischeren Wahrnehmungen des Partners, der sich nicht erst sein Bild machen muß, sondern Ihres gleich »1 : 1« übernehmen kann.
- Bilder verleihen dem Inhalt Ihrer Aussagen Nachdruck und bewegen dadurch Ihren Partner mehr als jede digitale Information.

Beispiele bringen Bilder.

Anhand von Beispielen werden abstrakte Aussagen anschaulich. Ein Beispiel überzeugt, wenn es auch – rein logisch betrachtet – nichts beweist. Wie machen Sie ein Beispiel richtig »plastisch«?
- KONKRET. Statt: »*eine Geschäftsfrau*« – konkret: »*eine Boutiquenbesitzerin*«.
- PRÄZISE. Statt: »*in jüngster Zeit*« – präzise: »*am letzten Mittwoch*«; statt: »*aus Deutschland*« – präzise: »*aus Köln*«.
- Mit EINZELHEITEN. Auch wenn Sie nichts mit der Sache zu tun haben! Statt: »*ein Mann*« – besser: »*der 22jährige Alex Pichler mit seinen Jeans und seiner Kawasaki*«.

Beispiele helfen in der partnerschaftlichen Argumentation

- Farbige, plastische Beispiele stimulieren.
- Beispiele klären auf, verhindern Mißverständnisse.
- Ein griffiges Beispiel zeigt Praxisbezug und gibt Vertrauen.

Beispiele geben – Beispiele verlangen.

Das funktioniert auch umgekehrt: Wenn sich Ihr Partner abstrakt, unklar aus-

⇒ Mit Sprach-Bildern das Verständnis bewegen

drückt oder Sie ihm einfach nicht folgen können – ersuchen Sie um ein Beispiel! Übrigens: Ein Beispiel ist als Einzelfall oft leichter angreifbar als eine abstrakte Aussage – bei Ihrem Partner und auch bei Ihnen selbst!

Wirksame, eindrucksstarke Sprach-Bilder parat zu haben, das fällt am Anfang gar nicht so leicht. Mit ein wenig Übung schaffen Sie es – dabei helfen Ihnen diese Anregungen.

Versuchen Sie, die folgenden Kästchen mit einem möglichst »bunten Bild« von sprachlichen Bildern zu füllen! Auch wenn es anfangs schwerfällt, Sie werden sehen, es geht. (Diese Übung ist auch im Familien- oder Freundeskreis lustig – es gibt sogar Gesellschaftsspiele im Handel, mit denen Sie Ihr bildhaftes Denken spielerisch trainieren können!)

Bild-hafte und sinn-liche Ausdrücke
Zum Beispiel: Nebelwand, Informationslawine, entwurzeln, schwammig, vom Tisch wischen ...

Vergleiche und Analogien
Vorgefertigt: Wie eine kalte Dusche, wie ein Wirbelwind ...
Aktuell: Bei diesem Problem ist es wie bei einer Autopanne ...

Plastische Beispiele
konkret – präzise – mit Einzelheiten

Argumente aufbereiten und dosieren

⇒ Mit Sprach-Bildern das Verständnis bewegen

Nicht jedes Bild eignet sich für jede Situation, nicht jeder Partner kann mit jedem Bild etwas anfangen. Wir wollen Sie hier auch gar nicht dazu anregen, nun plötzlich alles in Bildern auszudrücken. Maßvoll und wirksam dort eingesetzt, wo Situationen plastisch gemacht und Fakten besonders unterstrichen werden sollen, erzielen geeignete Bilder ihre besondere Wirkung. Unterscheiden Sie bitte:

- **Digitale Informationen**, also Zahlen und andere Fakten, sind als BEWEISE für Ihre Argumente wichtig.
- **Analoge Informationen**, also BILDER, erleichtern dem Partner das Verständnis. – Sie machen die Sache für ihn ein-sehbar.

Um für Ihren Fall und für Ihren Partner geeignete Bilder bereit zu haben, überprüfen Sie Ihr zuletzt ausgearbeitetes ARGU-STRUKT (Seite 53). Suchen Sie sich die für die Argumentation wichtigsten Fakten heraus und versuchen Sie nun, partnergerechte (siehe PartnerProfil usw.) Bilder daneben zu stellen:

Mein (trockenes) Argument	Ein (ein-sichtiges) Bild

Wer sich selbst von seiner eigenen Sache kein Bild machen kann, der kann nicht erwarten, daß sein Partner diese »Ansicht« mit ihm teilt!

Sie werden nicht alle diese Bilder in der Argumentation tatsächlich einsetzen. Warum ist es dann wichtig, einen möglichst großen »Bilderkasten« vorzubereiten? Je größer Ihre Auswahl, desto besser sind Ihre Chancen, dieses wirkungsvolle Instrument wenigstens einige Male anzuwenden.

4.3 Achtung, Argument-Lawine! – die Gefahr des »Überschüttens«

Wer argumentiert, ist auf SENDEN programmiert. Der Argumentierende will etwas einbringen. Er ist in der Regel von seiner Sache (seiner Idee, seinem Vorschlag) so begeistert, daß ihm der Mund übergeht.

Die Befürchtung, zur Sache zu wenig Überzeugendes für den Partner vorzubringen, führt ebenfalls zu einem unaufhörlichen Redefluß. Der Effekt: Ihr Partner kommt zu lange nicht zu Wort.

Ein Gespräch führen heißt, in Wechselrede miteinander zu sein. Das bedeutet, daß eine Minute des Zuhörens schon eine Ewigkeit sein kann. Insbesondere dann, wenn der Zuhörer einen Gedanken loswerden möchte, was er uns durch unverkennbare körpersprachliche Zeichen oder durch einen versuchten Einwurf signalisiert. Wer zugeschüttet wird, flüchtet vor dem auf ihn niederbrechenden Schwall.

> *Mit einem Fliehenden kann man nur schwer ein konstruktives Gespräch führen!*

Daher ein Tip für Ihr »Argumentations-Stammbuch«:

> *Mehr als die halbe Redezeit gehört dem Partner!*

Zügeln Sie Ihren Rededrang. Selbst wenn Sie sich vornehmen, dem Partner mehr als die Hälfte der Gesprächszeit zu überlassen, werden Sie in der Regel feststellen: Sie sprechen immer noch mehr als die Hälfte der Zeit!

Teil 5:

Im Gespräch fördern, führen, öffnen

5.1 Informationsfördernde Gesprächstechniken

Nun stehen wir mitten in der Argumentationssituation selbst: Jetzt entscheidet das »WIE?« der Gesprächsführung, jetzt gestalten Sie die Beziehung zu Ihrem Partner.

Nicht jeder Partner redet von sich aus genug. Manchmal mag es ja ganz angenehm erscheinen, wenn ein ruhiger Partner den eigenen Gesprächsfluß nicht »stört«. Der Nachteil ist allerdings, daß man von einem schweigenden Partner nichts erfährt. Es liegt also in unserem ureigensten Interesse, den Partner »zum Reden zu bringen«.

Es gibt fünf gesprächsfördernde Gesprächstechniken, mit denen Sie Ihrem Partner ein simples JA oder NEIN bis hin zu einem wahren Redeschwall (= für Sie eine wahre Informationsflut) entlocken können:

1. Echte geschlossene Fragen

Auf diese Fragen erwarten wir lediglich ein »Ja« oder »Nein«:
»*Haben Sie diese Information erhalten?*«
»*Sind Sie damit einverstanden?*«

2. Relativ geschlossene Fragen

Fragen, die mit einem Fragewort beginnen, aber eine sehr knappe Antwort ergeben – und damit wenig neue Informationen:

➡ Informationsfördernde Gesprächstechniken

»*Wann* ist der letzte Abgabetermin?« – »Am nächsten Freitag.«
»*Wer* hat das geprüft?« – »Unser Rechtsanwalt.«

3. Offene Fragen

Fragen, die mit einem Fragewort beginnen und regelmäßig mehr Information produzieren, als nur ein einzelnes Wort:
»*Wie* funktioniert dieser Vorgang?«
»*Auf welche Weise* stellen wir das Ergebnis sicher?«
»*Unter welchen Umständen* ist das für Sie eine annehmbare Lösung?«
»*Was* denken Sie über diesen Vorschlag?«

4. Einladungen

Die ausdrückliche Aufforderung weiterzuerzählen, mehr Details auszuführen:
»*Erzählen Sie mehr über die Versuchsanordnung!*«
»*Herr Huber, berichten Sie bitte über Ihre Erfahrungen mit ...!*«

5. Stimulierende Wiederholung

Die Wiederholung der letzten Worte eines Satzes – mit oder ohne unterschwelligem Fragezeichen – signalisiert dem Gesprächspartner Verständnis und bedeutet ebenfalls die Aufforderung, weiterzusprechen:
»Und dann hat sich herausgestellt, daß die Maschine fehlerhaft war!« – »Die Maschine war fehlerhaft (?)« – »Ja, die Steuerung ...«
»... und das ist viel zu teuer. Und deshalb bin ich gegen diesen Vorschlag!« – »Weil Ihnen der Preis sehr hoch erscheint, können Sie sich für diesen Vorschlag nicht erwärmen?« – »Ja. Denn mir ist besonders wichtig ...« (Nun kommt vielleicht der wirklich entscheidende Grund!)

5.2 Mit Fragen führen, mit Fragen kontrollieren

Fragen – eine unterschätzte und vorurteilsbelastete Technik!

Fragen sind mehr als eine gesprächsfördernde Gesprächstechnik. Sie sind ein Gesprächsführungsinstrument schlechthin. Warum wird sowenig gefragt, warum versuchen in einer Diskussion die meisten, etwas zu SAGEN?

»*Wer fragen muß, weiß etwas nicht; wer etwas nicht weiß, ist dumm!*« Diese Überlegung – dieses Vorurteil! – ist für viele Menschen zu einem Trauma geworden. Sie fürchten, mit jeder Frage Ihre Unwissenheit zu dokumentieren.

Natürlich gibt es Dinge, die jeder erwachsene Mensch wissen sollte und nach denen man besser nicht fragt. Es hat meist unangenehme Konsequenzen, den Ehepartner immer wieder nach dem Datum des Hochzeits- oder Geburtstages zu fragen. Auch sich etwas zum x-ten Male erklären zu lassen, was jeder durchschnittlich intelligente Mensch beim ersten Mal begreift, kann zur Peinlichkeit werden.

Situationen, in denen Fragen als peinliche Enthüllung des eigenen Unwissens gesehen werden, sind äußerst selten. Viel häufiger drückt der, der fragt, Stärke aus und wird von denen bewundert, die es nicht gewagt haben, dieselbe Frage selbst zu stellen. Vorausgesetzt, die Frage ist halbwegs intelligent formuliert …

Fragen fördern nicht nur das Gespräch, sondern auch die Beziehung.

Aus welchen Gründen haben Fragen in der Argumentationssituation neben ihrer gesprächsfördernden vor allen Dingen auch eine beziehungsfördernde Wirkung? Aus der Gegenüberstellung mit einer Feststellung wird es klar:

- **Feststellungen** (Aussagen, Behauptungen) machen den anderen kleiner, provozieren deshalb oft Widerspruch oder Aggression.

- **Fragen** zeigen dagegen, daß wir uns für den anderen und seine Meinung interessieren. Wer sich aber nach unserer Meinung erkundigt, uns als »Wissende« behandelt – der zeigt uns seine Wertschätzung!

Fragen helfen bei der Argumentation

Sich mit Fragen auseinanderzusetzen, über ihre Wirkung nachzudenken, ist ein wesentlicher Schritt zur gewinnenden Argumentation. Lösen wir uns also von der Fragehemmung und denken wir nach, wo und wie uns Fragen in der Argumentation helfen können:

Im Gespräch fördern, führen, öffnen

⇒ Mit Fragen führen, mit Fragen kontrollieren

Fragen helfen uns,

- Informationen zu gewinnen,
- den Partner ins Gespräch zu holen,
- Zustimmung oder Ablehnung klar herauszuarbeiten,
- _____
- _____
- _____

Vervollständigen Sie bitte selbst diese Aufzählung – wie könnten Ihnen selbst Fragen in der Argumentation helfen?

Wer Fragen stellt, zeigt Stärke.

Viele Aussagen, Feststellungen usw. können Sie auch mit »Fragen« transportieren. Das läßt sich üben!
   Nehmen Sie geplante Aussagen, Feststellungen usw. aus Ihrem Fall und verwandeln Sie diese im Sinne des folgenden Beispieles in Fragen:

Aussage, Feststellung	Frage
Fernreisen bringen Streß!	Finden Sie Fernreisen erholsam?

5.3 Offene/geschlossene Fragen richtig einsetzen

Schon bei den gesprächsfördernden Gesprächstechniken haben wir Sie auf die unterschiedliche Wirkung unterschiedlicher Fragen hingewiesen. Erfahrungsgemäß fallen uns die geschlossenen Fragen leichter. Das hängt wohl auch damit zusammen, daß man bei geschlossenen Fragen die Antwort weitgehend vorherbestimmen und einschränken kann. Außerdem kann der Fragende in der geschlossenen Frage sein Wissen demonstrieren (keine »Demonstration von Unwissen«!).

Offene und geschlossene Fragen sind, richtig eingesetzt, Schlüssel zur erfolgreichen Argumentation.

1. Geschlossene Fragen

Die gesamte Information steckt in der Frage selbst, der Befragte hat nur die Antwortmöglichkeiten »ja« oder »nein«:

»Haben Sie diese Information erhalten?«
»Sind Sie mit dieser Vorgangsweise einverstanden?«
»Wollen Sie nähere Details hören?«

2. Offene Fragen

Offene Fragen enthalten wenig Information, sind meist kurz und lassen die Antwortmöglichkeiten offen. Regelmäßig beginnen offene Fragen mit einem Fragewort:
- Was? Wohin? Warum? ... Aber auch:
- Auf welche Weise? Unter welchen Umständen?

»Warum hat dieser Termin Bedeutung?«
»Was denken Sie zu diesem Vorschlag?«
»Wie funktioniert ...?«

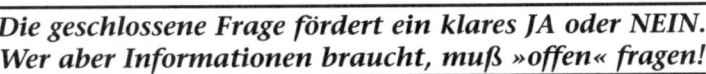

*Die geschlossene Frage fördert ein klares JA oder NEIN.
Wer aber Informationen braucht, muß »offen« fragen!*

An welcher Stelle im ARGU-STRUKT brauchen Sie eine klare Antwort? Wo helfen Ihnen geschlossene Fragen an Ihren Partner? Richtig: beim »Vorvertrag« (= ZIELRICHTUNG) und beim »Vertrag« (= NÄCHSTE SCHRITTE). Wenn Sie aber noch wenig wissen, sind geschlossene Fragen kontraproduktiv, dort müssen Sie offene Fragen stellen.

⟶ Offene/geschlossene Fragen richtig einsetzen

Und wie gehen Sie selbst mit Fragen um, die an Sie gestellt werden?

Eine geschlossene Frage selbst gestellt zu bekommen, das schränkt Ihren Spielraum massiv ein. »*Ist das durchführbar?*« – Diese Frage verlangt ein »Ja« oder »Nein«, aber beides wird häufig nicht richtig sein. Ein »Ja, aber ...« legt Sie auf »ja« fest, Ihre Einschränkungen gehen verloren. Oder der Partner hört nur das »Aber« und versteht »Ablehnung«.

1. In W-Fragen umformulieren

»*Bringt das etwas?*«	»***Was*** *bringt das? Nun, ich erwarte konkret 20 Neukunden innerhalb der ersten zwei Monate.*«
»*Können wir das nicht abkürzen?*«	»***Wie*** *können wir das abkürzen? Eine Möglichkeit wäre, auf den Probelauf zu verzichten ...*« Oder:
	»***Was*** *spricht dagegen, daß wir diesen Prozeß verkürzen? Da ist zuerst einmal der Sicherheitsfaktor ...*«
»*Haben Sie das durchgerechnet?*«	»***Wie*** *schaut die Rechnung aus? Ich bin von zwei Prozent Wachstum ausgegangen, dann nehme ich an, daß ...*«

2. Positiv formulieren

Lassen Sie negative Elemente (nicht, kein, nie ...) bei der Wiederholung bzw. Umformulierung weg, ebenfalls negativ besetzte Wörter (verlieren, scheitern, verschwenden).

»*Wie sollen wir diese* **teure** *Lösung finanzieren?*« (Negativwort »teuer«)	»***Wie*** *werden wir diese Lösung finanzieren? Ich denke, daß wir im Budget selbst etwa 40 Prozent dafür finden. Der Rest ...*«
»*Sie sehen die Dinge* **einseitig***!*« (Negativwort »einseitig«)	»***Wie*** *können wir das Ding von allen Seiten untersuchen? Betrachten wir es einmal vom Standpunkt X ...*« Oder:
	»***Von welchen Seiten*** *habe ich das Ding gesehen? Zuerst habe ich mich gefragt, was wohl Kunde Z meinen wird ...*«

→ Offene/geschlossene Fragen richtig einsetzen

3. Reizwörter entfernen

Typische Reizwörter sind: eigentlich, überhaupt, doch, im Ernst, wirklich, etwa, vielleicht nicht usw. – Lassen Sie sich von diesen Reizwörtern nicht provozieren; neutralisieren Sie, indem Sie die Reizwörter weglassen und die Frage möglichst positiv auffassen:

»Sind Sie **überhaupt** qualifiziert?«	»**Was** qualifiziert mich zu dieser Aussage? Vor allem ...«
»Denken Sie **eigentlich** manchmal an Konsequenzen?«	»**Welche** Konsequenzen habe ich dabei geprüft? Vor allem habe ich mich für die Auswirkung auf Y interessiert. Außerdem ...«

Das Aufbrechen geschlossener Fragen läßt sich üben. Brechen Sie die vorgegebenen geschlossenen Fragen wie vorher beschrieben auf:

geschlossene Frage	Neuformulierung
Haben Sie gute Mitarbeiter?	Was ist für mich als Chef ein guter Mitarbeiter?
Hat Dr. Huber Schwächen als Führungskraft?	_____
Halten Sie die X-GmbH für ein erfolgreiches Unternehmen?	_____
Würden Sie unseren Kanzler als Mann des Jahres wählen?	_____
Sind Sie für oder gegen Ausländer?	_____
Planen Sie Ihre Urlaube ordentlich?	_____
Verhalten Sie sich umweltbewußt?	_____
Glauben Sie, daß sich das Produkt Z durchsetzen wird?	_____

Im Gespräch fördern, führen, öffnen

➩ Offene/geschlossene Fragen richtig einsetzen

Jetzt denken Sie bitte an »Ihren« Fall: Mit welchen geschlossenen Fragen müssen Sie rechnen, die Sie nicht direkt mit »ja« oder »nein« beantworten wollen?

geschlossene Fragen an Sie	Ihre Neuformulierung als offene Frage

5.4 Fragetechnik in der Konfrontation

Auch in Phasen der Konfrontation ist es günstig, sich einer Fragetechnik zu bedienen. Wenn es Sie noch so reizen mag, sollten Sie nicht mit der »passenden Antwort« absichtlich oder unabsichtlich einen Konflikt aufbauen. – In ein »offenes Messer« zu laufen, mag einen schlecht gesinnten anderen freuen, Ihnen verhilft das sicherlich nicht zum Erfolg.

Mit Fragen gewinnen Sie Zeit – Sie erhalten aber auch wichtige Informationen und Sie bringen einen Gegner außer Tritt.

1. Klärungsfrage

»Ist dieser Wert wirklich so hoch?« »Welchen Wert meinen Sie?«

»Von wo stammt diese Aussage?« »Meinen Sie die Person oder die Quelle, aus der ich das weiß?«

2. Präzisierungsfrage

Bei Fragen, die auf den ersten Blick völlig eindeutig scheinen, könnte die Klärungsfrage merkwürdig wirken oder zu offensichtlich nach einer Verzögerungstaktik aussehen. Hier helfen Sie sich mit Worten, die nach einer Präzisierung verlangen:

»Wie riskant sind Aktien im Vergleich zu Anleihen?« »Was GENAU meinen Sie mit ›riskant‹?«

»Wie gefährlich ist die Mikrowelle?« »Was verstehen Sie IN DIESEM ZUSAMMENHANG unter ›gefährlich‹?«

3. Gegenfragen und zurückgegebene Fragen (»Notfallschirme«)

»Wie meinen Sie das?«
»Wie soll ich das verstehen?«
»Wie denken Sie selbst darüber?«
»Welche Antwort erwarten Sie von mir?«
»Aus welchen Gründen fragen Sie mich das?«

VORSICHT: Wer eine Frage mit einer Gegenfrage beantwortet, weckt leicht Aggressionen, denn Gegenfragen und zurückgegebene Fragen signalisieren Zweifel an der Ehrlichkeit des Fragestellers! Deshalb: Fragen kurz erklären. Statt: »Woher haben Sie diese Zahl?«, besser: »Das weicht von unseren Schätzungen erheblich ab. Woher haben Sie diese Zahl?«

5.5 Mit Fragen führen – aber zuerst Fragen üben!

Konnten wir Sie schon davon überzeugen, daß Fragen tatsächlich ein Führungsinstrument sind? Wer mit Fragen umzugehen versteht, wer sie an der richtigen Stelle einbringt, kann praktisch alle Gesprächssituationen erfolgreich meistern.

Wenn es auch auf den ersten Blick unglaublich wirkt:

Wer sich selbst (durch eine Frage) »kleiner« macht, gewinnt strategisch an Größe und Stärke.

Wer Fragen wohldosiert anwenden kann, beherrscht die Hohe Schule der Kommunikation. Dazu gehört viel Übung. Ein wenig haben Sie vorher bereits geübt. Üben Sie weiter!

Mit Fragen kann man viele Gesellschaftsspiele im Familien- und Freundeskreis spielen. Das ist nicht nur unterhaltsam, sondern gleichzeitig ein hervorragendes Training zur richtigen Anwendung von Fragen im Ernstfall. Konkrete Anregungen und Spielanleitungen finden Sie in dem Buch »Fragetechnik – schnell trainiert« von Vera F. Birkenbihl.

Wer fragt, der führt.
Wer fragt, der kontrolliert.

Teil 6:

Im Gespräch: nicht nur reden!

6.1 Zuhören – eine Kunst, die sich lohnt

Wer darüber nachdenkt, »WIE?« man richtig argumentiert, denkt meist an eine Tätigkeit – vorschlagen, beweisen, widerlegen ... Dieser zwanghafte Drang nach Aktion ist die Ursache für viele mißlungene Überzeugungsversuche.

Gespräche sind interaktiv. Je lebhafter ein Gespräch ist, umso mehr wird das Wort zwischen den Partnern hin- und hergehen. Nicht nur der, der gerade redet, tut etwas, sondern auch der andere. »Zuhören« ist also eine Gesprächsaktivität.

> »Miteinander reden« bedeutet wechselweises »Senden« und »Zuhören«.

Wer argumentiert, ist natürlich auf »Senden« eingestellt. Es ist aber genauso wichtig, zuhören zu können und damit aus den Beiträgen des anderen etwas zu gewinnen. Der schnellbegreifende Vorausdenker versäumt sehr viel. Und, abgesehen davon, beziehungsfördernd ist weder erkennbare Geistesabwesenheit noch penetrantes Vorausdenken. Den, der gerade redet, stört es, wenn der andere nicht zuhört. Das gilt für Sie selbst und natürlich genauso für Ihren Partner.

Sie wollen etwas von Ihrem Partner. Sie wollen, daß er sich von Ihnen gewinnen läßt, also Ihren Gedanken und Ideen folgt. Das wird nur funktionieren, wenn das Gespräch nicht zur Einbahnstraße wird.

> In »Einbahnstraßen« entsteht kein Dialog!

Ihr Partner braucht daher Raum für seinen Gesprächsanteil, den Sie ihm nicht einfach nur durch Ihr Schweigen, sondern durch erkennbares Zuhören geben.

Wir spüren genau, ob uns ein anderer zuhört, wenn wir ihn ansehen und seine Körpersprache beachten. Sie ist ein untrügliches Zeichen, weil wir zwar mit Worten, kaum aber mit unseren körpersprachlichen Signalen lügen können.

> Wenn Sie einen wohlgesonnenen und zur Informationsweitergabe bereiten Gesprächspartner wünschen, müssen Sie ihn durch Zuhören aktivieren!

➡ Zuhören – eine Kunst, die sich lohnt

»Aktivierendes Zuhören« bedeutet volle Ausrichtung auf den Gesprächspartner – »Ich bin ganz Ohr!« Wie signalisieren Sie diese volle Ausrichtung? Was können Sie betonen, was sollten Sie unterdrücken?

- Lassen Sie den Gesprächspartner Ihre Wertschätzung spüren!
- Erwecken Sie nicht den Eindruck von Eile (Blick auf die Uhr usw.)!
- Zeigen Sie durch Körperhaltung und Blickkontakt Ihre volle Aufmerksamkeit!
- Lassen Sie den Gesprächspartner ausreden!
- Signalisieren Sie dem Gesprächspartner verbal oder nonverbal (zum Beispiel durch Kopfnicken), daß Sie ihn verstehen!

Wenn Sie diese Ratschläge befolgen, werden Sie merken, daß selbst wortkarge Gesprächspartner plötzlich redefreudig werden. Wer Interesse signalisiert, wird belohnt: Der Empfänger wird durch diese Signale sicher und baut Vertrauen zum »Signalsender« auf. Dieses Vertrauen verleiht dem »Signalempfänger« die notwendige Stärke, um dem vertrauenswürdigen Partner jetzt das zu sagen, was er nicht jedem sagen würde.

Aktivierendes Zuhören ist mehr als nur eine wichtige »Gesprächstaktik«!

Erfolgreiche Gespräche brauchen ein offenes Gesprächsklima wechselseitigen Vertrauens der Gesprächspartner – aktivierendes Zuhören ist eine »vertrauensbildende Maßnahme«.

6.2 Aktives Zuhören – mit dem Partner geistig auf die Reise gehen

Volle Ausrichtung auf den gerade sprechenden Partner zu zeigen, das ist für diesen wichtig und fördert das Gesprächsklima. Dadurch aktivieren Sie Ihren Partner. Viele meinen, das alleine wäre schon aktives Zuhören.

Wir unterscheiden zwischen AKTIVIERENDEM und AKTIVEM Zuhören. Die äußerlich gezeigte Zuwendung bewirkt schon einiges und gibt dem Partner das gute Gefühl Ihres Interesses. Genügt das? Oft ist es Ihre eigene innere Einstellung, die Sie am wirklich aktiven Zuhören hindert. Es ist ja auch verständlich, wenn Sie in einer hitzigen Argumentation lieber die eigenen Gedanken ordnen, das nächste Argument vorbereiten wollen, statt dem Partner (Gegner?) zuzuhören.

⇒ Aktives Zuhören – mit dem Partner geistig auf die Reise gehen

AKTIVES Zuhören ist mehr als nur AKTIVIEREND hinzuhören!

- Beim aktiven Zuhören widmen Sie Ihre Gedanken ganz den Äußerungen des Partners!
- Vermeiden Sie es, sofort die Aussagen des Partners zu bewerten und zu früh Wichtiges von Unwichtigem zu trennen!
- Denken Sie nicht voraus und formulieren Sie nicht schon vor dem Empfang der gesamten Botschaft im Geist die Antwort!
- Wiederholen Sie gelegentlich zwischendurch sinngemäß das, was Sie von Ihrem Gesprächspartner verstanden haben! (Diese Technik der Wiederholung mit Ihren eigenen Worten nennt man »reverbalisieren«.)
- Lassen Sie Ihren Gesprächspartner auch quittieren, daß Sie ihn richtig verstanden haben! »*Moment, ich möchte sicherstellen, daß ich Sie richtig verstanden habe. Sie befürchten in dieser Situation in erster Linie, daß ... Habe ich das richtig mitbekommen?*«
- Begleiten Sie Ihren Partner auf einer »Reise durch seine Gedanken«. Wenn Sie diese »Einladung« annehmen, werden Sie manches zwischen den Zeilen heraushören, was Sie sonst nicht mitbekommen hätten.

Nur wenn Sie diese Regeln beachten, sind Sie ein echter aktiver Zuhörer!

Aktives Zuhören verlangt viel Selbstdisziplin – aber es lohnt sich!

Bringen Sie diese auf, bekommen Sie vom Gesprächspartner sehr viel mit. Sie können dabei auch sicher sein, daß Sie dadurch ganz automatisch aktivierend zuhören und Ihrem Partner starke Interessens- und Vertrauenssignale senden.

Wer aktiv zuhört, gewinnt viel. Am Ende meist auch den Partner!

Nämlich für seine Ideen und Vorschläge. Sosehr es darauf ankommt, selbst gute Argumente zu haben, die man dem Partner möglichst wirkungsvoll mitteilt, sosehr ist es auch wichtig, diese den Partner verarbeiten zu lassen. Er gibt dabei Gedanken und Informationen zurück. In diesem »Feedback« liegen Ihre großen Chancen der Argumentation – aber eben nur dann, wenn Sie davon viel mitbekommen.

➠ Aktives Zuhören – mit dem Partner geistig auf die Reise gehen

Wenden Sie diese Überlegungen jetzt auf Ihren Fall an!
Sie gewinnen immer durch aktives Zuhören; zum Beispiel

- mehr Informationen,
- Vertrauen des Partners,
- Ansatzpunkte für wirkungsvolle Argumente.

Was aber können Sie ganz konkret noch gewinnen?
Notieren Sie einige Erwartungen:

- _____
- _____
- _____
- _____
- _____

Diese Liste bringt Ihnen doppelten Nutzen:

- Sie fühlen sich motiviert, wirklich aktiv zuzuhören.
- Sie können später überprüfen, ob es sich gelohnt hat.

Genügt es, wenn nur Sie selbst aktiv zuhören, der Partner aber nicht?

Es ist Ihre Aufgabe, Ihren Partner zum aktiven Zuhören zu bewegen.

Ob Ihnen jemand gespannt und aufmerksam zuhört oder sich im Gedanken weit weg wünscht, hängt weitgehend von Ihnen selbst ab. Drehen Sie die Situation um: Was bewegt Sie zum aktiven Zuhören? Wahrscheinlich etwas, das Sie interessiert, vorausgesetzt, es ist gut gebracht. Richtig?

Hier schließt sich der Kreis, zu alldem, womit wir uns bisher auseinandergesetzt haben. 90 Prozent Ihrer faszinierenden Wirkung entsteht in der Vorbereitung!

Aktives Zuhören – mit dem Partner geistig auf die Reise gehen

Ihre wichtigsten Schritte auf dem Weg zum Argumentationserfolg:

- ein Partnerprofil erstellen, die Schnittstellen zum Partner suchen und sich damit befassen, was ihn bewegt und was ihn »sperrt«;
- die Sache (Ihren Vorschlag) mit dem ARGU-STRUKT gut vorbereiten;
- Bilder, die Ihren Partner bewegen, vorbereiten und dann auch tatsächlich einsetzen;
- Ihren Partner durch Fragen führen;
- und schließlich müssen Sie selbst Ihrem Gesprächspartner aktiv zuhören!

Sind Sie also bereit, sich vor und während des Gespräches mit dem Partner intensiv zu befassen? Sind Sie fest entschlossen, ihm etwas Wertvolles zu bieten? Haben Sie ihr Argumentenköfferchen entsprechend gepackt – mit anschaulichen Bildern, prägnanten Vergleichen, mit Vorteilen? Dann wird er Ihnen seine ungeteilte Aufmerksamkeit widmen und bereit sein, Ihrer Argumentation zu folgen.

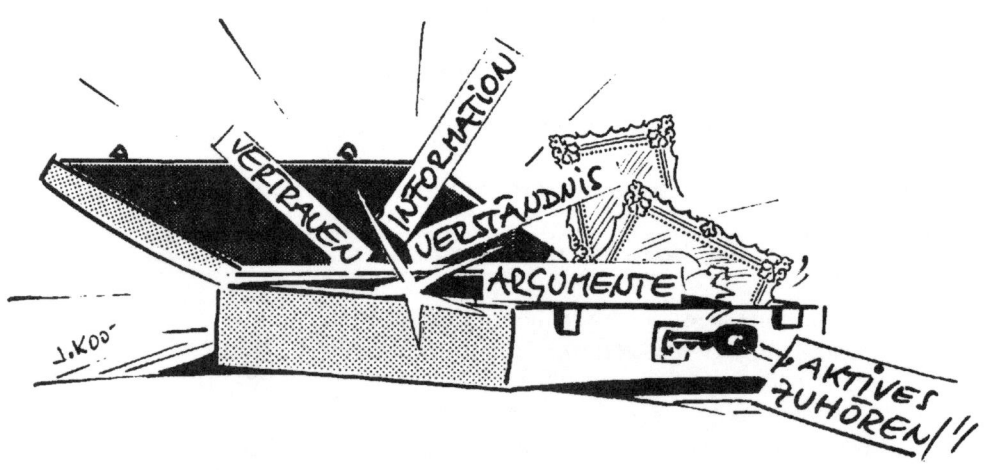

6.3 Mit den Augen hören und sprechen

Klar: Hören im engeren Sinn können wir nur mit den Ohren und sprechen nur mit dem Mund. Im weiteren Sinn können wir beides aber auch mit den Augen. Deshalb ist es besonders wirkungsvoll, gerade in der Argumentation diese Erweiterung des Hörens und Sprechens zu nützen.

> »Hören mit den Augen« meint, Ihre(n) Gesprächspartner
> beim Sprechen besonders aufmerksam anzusehen.

Dann können Sie nämlich überprüfen:

- Hört er überhaupt zu, wenn Sie sprechen?
- Gefällt oder mißfällt ihm Ihre Botschaft?
- (Bei mehreren Gesprächspartnern) In welcher Beziehung stehen Sie zueinander? Wie ist ihre »Rollenverteilung«?
- Wie ernst, wie nachdrücklich meint Ihr Partner seine eigene Aussage?

Was werden Sie bei Ihren konkreten Argumentationspartnern sonst noch (oder überhaupt) »mit den Augen hören« können? Worauf wollen Sie besonders achten? Ergänzen Sie diese Liste für sich persönlich!

- _____
- _____
- _____

Unser optischer Wahrnehmungssinn ist, wie wir wissen, sehr ausgeprägt. 75 Prozent der Informationen kommen über die Augen und unseren zugehörigen Sinn. Diesen Informationskanal selbst nicht zu nutzen, heißt, wichtige aktuelle Informationen der Gesprächssituation zu mißachten!

Noch ein Problem – und seine Lösung

Angenommen, Sie sprechen gerade – da sagt Ihr Partner etwas zu Ihnen oder zu jemand anderem. Es wird Ihnen recht schwerfallen, gleichzeitig zu sprechen UND zuzuhören. Was aber ganz leicht geht: Die Signale des anderen mit den Augen aufzufangen. Denn:

Im Gespräch: nicht nur reden!

➠ Mit den Augen hören und sprechen

> *Wir können gleichzeitig sprechen – und (mit den Augen!) hören.*

Vorausgesetzt, wir sehen genau hin!

Unser ganzer Körper – ein mächtiges Sprachorgan

Ähnlich ist es mit dem »Sprechen mit den Augen«. Unser gesamter Körper – im Sitzen besonders Oberkörper, Hände und Kopf – ist ein »Sprachorgan«. Durch Bewegungen zeigen wir Interesse und Ablehnung, wir unterstreichen Größen von Dingen und anderes mehr. Eine besondere Rolle spielen die Augen, was wir selbst daran sehr gut erkennen können, daß uns etwas fehlt, wenn uns jemand mit dunklen Sonnenbrillen gegenübersitzt und zu uns spricht. Hier geht es nicht alleine darum, daß uns etwas vom optischen Eindruck des Gesichtes fehlt, vielleicht sogar ein sehr schöner Teil. Wir vermissen die uns vertrauten Signale eines »beredten Blicks« – Erstaunen, Mißtrauen, Verlegenheit, Blitzen ...

Die Augen sind also ein wichtiges »Sprachorgan«. Jeder Zuhörer versucht, es beim Sprecher wahrzunehmen.

> *Wir sprechen mit den Augen – ob wir wollen oder nicht.*

Was genau können Sie tun, um Ihre Augen bewußt einzusetzen?

- Sehen Sie dorthin, wohin Sie sprechen. – Sprechen Sie zu einem Partner, dann Blick auf diesen, sprechen Sie zu mehreren Partnern, Blick auf alle: einer nach dem anderen, immer in die Augen eines Partners.

- Folgen Sie Ihren Händen bei Demonstrationen mit den Augen, aber unterbrechen Sie kurz das Sprechen während dieser Augenbewegung. – So unterstreichen Sie diese Demonstration und verlieren dennoch nicht den Augenkontakt beim Sprechen!

- Betonen Sie Größenverhältnisse in Ihrer Aussage durch größeres oder kleineres Öffnen der Augen.

- Durch Ernsthaftigkeit Ihres Blickes oder etwa durch ein »Zwinkern« können Sie eine Aussage unterstreichen oder relativieren.

➡ Mit den Augen hören und sprechen

Sicher fallen Ihnen noch einige Möglichkeiten ein, wie Sie Ihre Augen als »Sprachorgane« einsetzen können. Schreiben Sie davon einige auf:

- _____

- _____

- _____

- _____

- _____

Daher ein wichtiger Ratschlag:

Halten Sie Ihre Augen frei für den ständigen Kontakt mit dem Partner!

Reduzieren Sie während eines Gespräches den Blick in Ihre Unterlagen auf das absolute Minimum! (Dabei hilft Ihnen wieder die einfache Struktur Ihres ARGUSTRUKTs: Nur ein Blick, und Sie wissen wieder, was kommt!)

6.4 Der Ton macht die Musik

Dieser bekannte Satz spielt auch in der Argumentation eine große Rolle. Auch hier geht es um eine Erweiterung des Sprechens (und des Hörens). Gemeinsam mit der begleitenden Mimik und Gestik sowie Ihrer Augensprache ist die richtige Intonation ein wesentliches Erfolgskriterium.

Der sachliche Inhalt einer Botschaft genügt nicht. Der richtige Ton ist wichtig:

- Er verleiht dürren Worten – zum Beispiel den Fakten Ihrer Situationsschilderung – den eigentlichen Sinn. – Denken Sie an monotone Computersprachinformationen. Es fehlt der Begleit-Ton, aus dem wir erfahren, »wie sie gemeint sind«.

- Er zeigt Ihren »inneren Zustand« zu Ihrer Botschaft – oder könnte (ungewollt) etwas »anklingen« lassen, das gar nicht zutrifft (Überheblichkeit, Spott ...).

- Er wird immer wahrgenommen – auch dann, wenn Ihr Gegenüber vielleicht gerade etwas notiert oder Sie aus sonst einem Grund nicht ansieht.

- _____

- _____

- _____

- _____

- _____

- _____

Auch hiezu können Sie sich einige Ergänzungen notieren.

Kontrollieren Sie daher Ihren Ton. Hören Sie sich gelegentlich zu, indem Sie sich mit einem Rekorder aufnehmen und beim Abhören darauf achten, ob Ihr Ton dem entspricht, was Sie ausdrücken wollen. – Ist dies nicht der Fall, üben Sie. Das wird Ihre Argumentation gewinnender machen.

Wenn die Stimme stimmt, stimmt auch die Stimmung.

➡ Der Ton macht die Musik

Noch ein Tip für »unmittelbar davor«: Wenn Sie sich bereits auf dem Weg zu einer Argumentationsrunde befinden, dann sprechen Sie die folgenden Passagen LAUT durch:

- Ihre Eröffnung,
- den Einstieg in das Thema
- und Ihre Kernbotschaften.

Sie machen das so oft, bis es Ihnen gefällt – aber nicht auswendig lernen! Das hilft Ihnen, »Ihren« Ton zu finden und bietet Ihnen gleichzeitig den Vorteil, daß Sie ruhiger und lockerer in das Gespräch einsteigen.

Teil 7:
Einwände und Widerstände meistern

7.1 Einwände – die große Chance!

Einwände werden meist als etwas Negatives gesehen. Wir verstehen Sie als Angriff oder als »Nein« zu unserem Vorschlag oder gar als »Nein« zur eigenen Person. Der Empfänger des Einwandes sieht manchmal sein Selbstwertgefühl untergraben. Entsprechend heftig verteidigend wird dann reagiert – zum eigenen Schaden.

Es gibt aber tatsächlich »taktische Einwände«, gegen die Sie sich wehren müssen. Sie sind destruktiv und werden von einem »Gegner« bewußt als Störungen »gesetzt«.

Wenn ein Einwand als »Waffe« verwendet wird, muß diese unschädlich gemacht werden. Aber Achtung: Gehen Sie auf den Einwand los – und nicht auf die Person, von der dieser Einwand kommt. Es ist wichtig, sich dieses Unterschiedes bewußt zu sein. Ein »*Das sehe ich anders*« wirkt besser als ein »*Das sehen Sie falsch*«, wobei auch das noch besser wirkt als ein »*Sie verstehen das nicht!*« – Wenn hier von »wirken« die Rede ist, meint das nicht so sehr den »äußeren Eindruck« der jeweiligen Wortwahl, sondern die Wirkung auf den weiteren – positiven oder negativen – Verlauf des Gespräches.

Sie sollen hier nicht zu übertriebener Weichheit angeregt werden, denn Sie müssen Ihren Mann bzw. Ihre Frau stellen. Es muß Ihnen nur klar sein, daß Sie den anderen brauchen, denn sonst würden Sie nicht mit ihm argumentieren, sondern könnten ihn gleich mit Macht oder Gewalt in Ihre Richtung zwingen. – Das ist aber hier nicht das Thema.

Von den eher seltenen taktischen Einwänden abgesehen, sollten Sie Einwände als etwas durchaus Positives sehen (lernen).

Einwände sind ein Lebenszeichen Ihres Gegenübers.

Und das ist in einem Gespräch grundsätzlich positiv, denn: Ein Einwand ist ein deutliches Signal Ihres Partners. Darauf nicht einzugehen, hat unangenehme Folgen. Zum Beispiel:

- Ihr Gegenüber versteht Sie von jetzt an nicht mehr.
- Ihr Gegenüber versucht den Einwand selbst zu klären und bleibt daher an dieser Stelle »hängen«.
- Ihr Gegenüber ist gekränkt, weil Sie ihn offensichtlich nicht ernst nehmen.

➟ *Einwände – die große Chance!*

- _____
- _____
- _____
- _____
- _____

(Ergänzen Sie bitte diese Liste – auf Basis Ihrer Erfahrungen!)

Zwei »goldene Regeln« für gewinnende Argumentation:

> *Einwände aufgreifen – NICHT ignorieren!*
> *Keine »K.-o.-Schläge« gegen den Einwandbringer!*

7.2 Einwände akzeptieren – auflösen – aufwiegen!

Es geht also darum, mit Einwänden konstruktiv umzugehen. Dafür gibt es wieder ein wirksames Werkzeug – die drei »Goldenen A« der 3-A-Methode:

1. Akzeptieren
2. Auflösen
3. Aufwiegen

Wie nützen Sie diese Methode, wenn Ihr Partner einen Einwand (gegen Ihren Vorschlag) bringt?

1. Akzeptieren:

»Akzeptieren« – das meint hier: Nehmen Sie diesen Einwand als Signal ernst, als Äußerung eines wichtigen Partners. Es bedeutet NICHT, daß Sie in der Sache selbst dem Partner rechtgeben! Ihr »Akzept« ist nur eine »Quittung« für Empfang – nichts weiter.
»*Ja, ich verstehe Ihre Bedenken.*«
»*Stimmt, das ist ein wichtiger Punkt.*«
»*Richtig, das gehört besprochen.*«

2. Auflösen

Den Einwand: »*Zu teuer!*« lösen Sie auf mit: »*Wenn wir die Betriebskosten berücksichtigen, ändert sich das Bild.*«
Den Einwand: »*Funktioniert nicht!*« entschärfen Sie mit: »*Für dieses neue Modell haben wir eine Funktionsgarantie ...*«

3. Aufwiegen

Oft gelingt es nicht, einen Einwand aufzulösen – einfach, weil er stimmt. Dann wäre es ziemlich sinnlos, dagegen anzukämpfen. Statt dessen relativieren Sie seine Bedeutung, indem Sie weitere Fakten – zum Beispiel Vorteile – in die Waagschale werfen, die den Einwand aufwiegen.
Den Einwand: »*Dauert zu lange!*« wiegen Sie auf mit: »*Stimmt, wir brauchen drei Monate. Dafür haben wir aber die Gewißheit, ein einwandfreies Verfahren zu bekommen.*«

Einwände akzeptieren – auflösen – aufwiegen!

Auch hier können Sie sich vorbereiten. Notieren Sie zuerst in der linken Spalte, mit welchen Einwänden Sie bei Ihrer Argumentation rechnen müssen. Dann überlegen Sie, welche »A-Variante(n)« bei diesem Einwand – von diesem Partner! – wohl sinnvoll sein wird.

Einwand	meine Reaktion

Einwände und Widerstände meistern

■➡ *Einwände akzeptieren – auflösen – aufwiegen!*

»Akzeptieren« vollbringt Wunder!

Konzentrieren Sie sich beim nächsten Mal auf das erste »A« – das Akzeptieren. Es wird meist vernachläßigt, weil viele meinen, die »Akzeptanz« des Partners würde schon ein Nachgeben in der Sache einschließen.

Wie Sie gesehen haben, gibt es verschiedene Möglichkeiten, mit Einwänden konstruktiv und somit souverän umzugehen.

Einwände als Fragen auffangen und umformulieren.

Sie können auf einen Einwand auch mit einer Frage reagieren, indem Sie – wie beim Aufbrechen einer geschlossenen Frage – auf den Inhalt des Einwandes zuerst mit einer W-Frage reagieren und daran gleich ihre Erklärung anschließen. Das sieht zum Beispiel so aus: Auf »*Zu teuer!*« reagieren Sie mit: »*Wie teuer ist das wirklich? Wenn wir die Betriebskosten der bestehenden Anlage in Rechnung stellen ...*«

Sie sehen:

Einwände sind keine Kriegserklärungen

– sondern Chancen, die Sie jetzt besser nützen können!

7.3 Bei hitzigen Diskussionen – Stopptafel und Durchmarsch

Ihr Gesprächspartner ist voll in Fahrt. Es kommt zuviel auf einmal, vielleicht verliert er sich auch in eine falsche Richtung. Sie wollen wieder ins Spiel kommen, Ihren Partner »einbremsen« oder zurückführen. Welche Möglichkeiten haben Sie?

Stopptafel – gezielt unterbrechen.

1. Am Satzende elegant stoppen ...

Als »Satzende« zählt auch das Ende eines Nebensatzes, jeder Übergang, der mit einer kleinen Pause markiert ist.

2. ... oder brutal »ins Wort fallen« ...

Das wird als schmerzhaft, aggressiv, unhöflich erlebt – und gefährdet die Beziehung.

3. ... aber jedenfalls mit einer Frage:

Geschlossene Fragen (Antwortmöglichkeit ja/nein):
»Wissen Sie ...?«
oder relativ geschlossene Fragen (kurze Antwort):
»Wieviel kostet das?«
»Wer hat das erhoben?«

4. Verstärkung anbieten

Ersuchen Sie um die Möglichkeit einer Zusammenfassung – um die (wertvollen) Ausführungen besser zu verstehen ...
»Darf ich das kurz wiederholen? Sie meinen also ...«

5. Namen als Haken einsetzen

Unser eigener Name hat nahezu magische Wirkung – wir hören ihn durch viele Störungen durch – und reagieren prompt.
»Herr Huber, sagen Sie bitte ...?«
Noch stärker in Kombination mit einer Frage:
»Herr Huber, wieviel kostet das?«

Einwände und Widerstände meistern

⇒ Bei hitzigen Diskussionen – Stopptafel und Durchmarsch

Aber auch die umgekehrte Situation müssen Sie meistern:

Durchmarsch – nicht unterbrechen lassen!

Auch in disziplinierten Diskussionen wird unterbrochen. Aber: Wer sich unterbrechen läßt, gefährdet das Verständnis und verliert Punkte:

- Die knapp vor der Unterbrechung gebrachten Argumente werden überlagert und nicht mehr gespeichert,
- man gerät aus dem Konzept, verliert den Faden,
- man gilt beim Publikum als schwächer,
- der Gegner ist ermutigt, diese Taktik zu wiederholen.

Welche Möglichkeiten haben Sie, einen wichtigen Satz zu Ende zu bringen?

1. Einfach weitersprechen

2. Körpersprachliches »Warte einen Moment!«

Zum Beispiel: bremsendes, zurückschiebendes Handzeichen; beim Weitersprechen freundlich zunicken (»Ich weiß, Du willst was sagen. Gleich!«).

3. Verbale Panzerungen

Zum Beispiel: »Ich bin sofort fertig!«, »Darf ich den Gedanken zu Ende führen?« – aber nicht aggressiv oder beleidigt: »Ich habe Sie auch aussprechen lassen.«

4. Durchhalte-Schleife

»Es steht fest ....« – »Es steht fest ...« – »Es steht fest, daß ...« (Erst weitersprechen, wenn der Gesprächspartner den Unterbrechungsversuch beendet hat.)

Zuhören ist meist besser als »Durchmarschieren.«

Vorsicht! Gerade Unterbrechungen enthalten bei Verhandlungen wertvolle Hinweise auf die Interessen des Partners.

7.4 Die große Runde – das Publikumspanorama erfassen

Im großen und ganzen haben wir uns bis hierher mit einer Argumentationssituation befaßt, in der Sie nur einem Partner gegenübersitzen. Es gibt aber auch Situationen, in denen Sie mehrere Personen als Ihr Gegenüber haben. Grundsätzlich gilt auch dafür alles, was bisher behandelt wurde, mit einem Unterschied: Der partnerorientierte Teil der Vorbereitung ist natürlich umfangreicher – schließlich müssen Sie nicht nur ein einziges Partnerprofil usw. erstellen, sondern mehrere.

Nicht alle Mitglieder einer Ihnen gegenübersitzenden Gruppe von Partnern haben die gleiche Bedeutung. Sie müssen wissen, oder zumindest im Gespräch rasch herausfinden, wer der wichtigste ist, ob er einen unangenehmen oder einen angenehmen Eindruck macht. Auf ihn wird es besonders ankommen. Sie müssen, ohne dominant zu wirken, die Fäden ziehen, so gut es Ihnen die Situation erlaubt.

⟶ Die große Runde – das Publikumspanorama erfassen

Ihre Gesprächspartner – zwischen Unterstützung und Ablehnung

Als Ihr »Publikum« finden Sie nicht nur unterschiedlich bedeutungsvolle Personen hinsichtlich der Entscheidungsvollmacht. Sie finden vor allen Dingen ein Spektrum unterschiedlicher Typen hinsichtlich der Haltung gegenüber Ihrem Thema. Und hier ist es besonders wichtig zu wissen, wie Sie mit diesen unterschiedlichen Haltungen optimal umgehen können. Sie müssen es ja schaffen, zumindest ein entsprechendes Mehrheitsvotum für Ihre Idee, Ihren Vorschlag zu erreichen.

Die Bandbreite des möglichen Spektrums ist breit und läßt sich durch folgende Typen charakterisieren:

NN: **Aktiv negativ** – bekämpft Ihren Standpunkt, mobilisiert andere gegen Ihre Vorschläge.

N: **Negativ** – ist dagegen, ohne deshalb auf die Barrikaden zu steigen.

W: **Wankt** – unentschlossen. Kennt Vor- und Nachteile, kann oder will nicht entscheiden.

P: **Positiv** – ist für Sie und Ihre Ideen, ohne sich aber besonders dafür zu engagieren.

PP: **Aktiv positiv** – unterstützt Ihren Standpunkt, wirbt bei anderen für Ihren Vorschlag.

D: **Desinteressiert** – interessiert sich nicht für die Angelegenheit, vielleicht, weil es ihn nicht betrifft.

U: **Uninformiert** – für ihn ist das ganze Thema neu.

⟶ *Die große Runde – das Publikumspanorama erfassen*

Chancen im »neutralen Bereich« nutzen!

Gerade desinteressierte oder uninformierte Partner sind relativ leicht zu gewinnen – wenn es Ihnen gelingt, die Bedeutung der Angelegenheit und die Vor- oder Nachteile ins rechte Licht zu rücken.

Aus einem Desinteressierten wird rasch ein Gegner.

Beide »neutrale Typen« sind akut gefährdet: Genauso wie Sie selbst, wird sich Ihr Verhandlungsgegner bemühen, Sie für seinen Standpunkt zu gewinnen!

Warum wir von einem »Panorama« sprechen

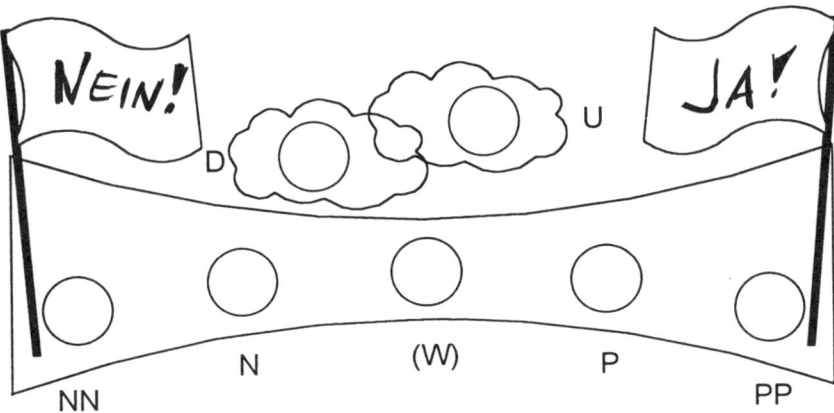

Tragen Sie in die Kreise die entsprechenden »Gesichter« von vorher ein. – Das Bild wird Ihnen dann vielleicht bekannt vorkommen, auch wenn Ihr übliches »Publikum« vielleicht eine andere Sitzordnung bevorzugt …

Ihr Anliegen in der Argumentation ist es, am Ende möglichst viele Zustimmende und keine ablehnenden Partner zu haben. Sich dafür realistische Ziele vorzunehmen ist wichtig, um nicht enttäuscht und ängstlich verkrampft zu werden.

Einwände und Widerstände meistern

⇒ *Die große Runde – das Publikumspanorama erfassen*

Gehen Sie von diesen Erfahrungen aus:

> *Ein einziger Schritt in Richtung PP ist schon ein Erfolg!*

- Schon ein einziger Schritt nach rechts – also zum Beispiel von »NN« auf »N« – ist ein realistisches Ziel. Mehr Veränderung zu erreichen, kann Ihnen mit Glück gelingen, aber selten.
- Desinteressierte und Uninformierte sind Ihre große Chance im neutralen Bereich. – Diese beiden sind aber auch gefährdet, in den negativen Bereich abzufallen, wenn Sie sich nicht um sie kümmern!
- Sie kommen nur dann zu einem haltbaren Ergebnis, wenn Sie alle Teilnehmer in die Diskussion einbeziehen, also auch die »Unangenehmen«. Jeder muß schließlich am Ende mit Ihrem Vorschlag, den ERSTEN SCHRITTEN, mitgehen. Sie dürfen keine Chancen für die Flucht durch die »Hintertüre der Mentalreservationen« offen lassen! (»*Ich war ja dagegen, aber keiner hat mich zu Wort kommen lassen.*«)

7.5 Aktive Gegner mit Gefühl entschärfen

Der »NN« ist der aktiv negative Partner der Ihnen gegenübersitzenden Gruppe. Er ist der unangenehmste Fall. Solange einer Ihrer Partner »aktiv negativ« ist, werden Sie zu keinem zufriedenstellenden Ergebnis kommen.

Jeder, der sich in einer Gruppe aktiv für oder gegen eine Sache ausspricht, also sich sichtbar engagiert, gerät damit gegenüber dieser Gruppe in eine exponierte Position – solange sich diese Gruppe nicht mehrheitlich seinem Standpunkt anschließt.

Jeder Exponierte wird daher versuchen, möglichst viele Gruppenmitglieder auf seine Seite zu bekommen. – Beim »PP« ist dieses Bestreben angenehm, im Fall des »NN« heißt das, daß Sie ihn jedenfalls um einen Schritt in Richtung Zustimmung und damit von seiner exponierten Position wegbringen müssen.

Stellen Sie sich den »NN«, Ihren gefährlichsten Widerpart, auf einem hohen Sockel vor. Oder – noch besser – in einem unzugänglichen Turm!

Was ist das Problem dieses Menschen? Wegen seiner exponierten Position kann er ohne Gesichtsverlust dieses »Podest der Ablehnung« nicht verlassen! – So jedenfalls empfindet er selbst das in der Regel.

Einwände und Widerstände meistern

➡ Aktive Gegner mit Gefühl entschärfen

Aktive Gegner brauchen eine komfortable Rückzugstreppe!

Um den »NN« bewegen zu können, müssen Sie ihm eine »Treppe bauen«, über die er sein Podest aufrechten Hauptes verlassen kann. – Sie dürfen also nicht versuchen, ihn herunterzustoßen oder zu zerren, auch wenn Ihnen vielleicht danach sein mag!

Es geht bei diesem Ratschlag nicht alleine um die Frage, wie sich der »NN« selbst verhalten könnte. Die Neigung einer Gruppe, sich mit jedem ihrer Mitglieder zu solidarisieren, ist sehr groß. Selbst dann, wenn der »NN« eine relativ isolierte Position in der Gruppe hat, neigt diese dazu, jeden Angriff auf diese Person durch jemanden von der anderen Seite heftig abzuwehren. Wer diesen gruppendynamischen Effekt ignoriert, gefährdet sein Vorhaben – vielleicht knapp vor der positiven Entscheidung.

Helfen Sie dem »NN« dabei, sich Schritt für Schritt von seinem exponierten, aktiven »NEIN« wegzubewegen!

Verlangen Sie nicht zuviel – kleine Schritte genügen am Anfang!

7.6 Gewinnen – nicht siegen!

Unser größtes Problem ist die Zeit. Man läßt uns oftmals zu wenig Zeit, um eine Sache wirklich erklären zu können. – Oder sind wir vielleicht nur nicht ordentlich vorbereitet, um auch mit wenig Zeit gut auskommen zu können ...? Durch entsprechende Vorbereitung, die gar nicht lange dauern muß, lassen sich selbst komplexe Inhalte in nur wenigen Minuten präsentieren. Entscheidungen, etwas Neues tatsächlich zu akzeptieren und zu tun, dauern freilich etwas länger. Berücksichtigen Sie bitte:

GESAGT	**heißt noch nicht**	**GEHÖRT,**
GEHÖRT	**heißt noch nicht**	**VERSTANDEN,**
VERSTANDEN	**heißt noch nicht**	**ZUGESTIMMT.**
ZUGESTIMMT	**heißt noch nicht**	**BEREIT ZUM HANDELN.**

In der Argumentation müssen Sie alle diese Stufen durchlaufen. Das verlangt von Ihnen Geduld. Ihr Partner hat dabei ein großes Lernpensum zu bewältigen. Je origineller Ihre Idee (Ihr Vorschlag) ist, umso neuer ist sie auch für Ihren Partner.

Der Prozeß ist vergleichbar mit dem Erlernen des Radfahrens: Der Lehrer beherrscht es schon und fährt voraus – den idealen, geraden Weg. Der Schüler weicht anfänglich im breiten Zick-Zack von der Ideallinie ab und beginnt sich dieser erst mit zunehmendem Begreifen des Vorganges zu nähern. Mit Zuwendung und Geduld kann der Lehrer den Schüler dabei unterstützen. – Ähnlich müssen Sie sich auch gegenüber dem Partner verhalten, den Sie für sich gewinnen wollen.

»Gewinnen«, nicht »siegen« – Erfolg durch Geduld!

Sie erinnern sich noch an den Anfang? Die Frage war, was für Sie »argumentieren« bedeutet. Sehen Sie noch nicht nach, sondern lehnen Sie sich kurz zurück, denken Sie nach und schreiben Sie Ihre jetzt gefundenen Gedanken nieder.

⇒ *Gewinnen – nicht siegen!*

»Gewinnend argumentieren« heißt für mich jetzt:

- _____
- _____
- _____
- _____
- _____

Jetzt erst sollten Sie an den Anfang blättern und Ihre Aussagen vergleichen. Je größer der Unterschied, desto mehr haben Sie beim Durcharbeiten dieses schwierigen Themas gelernt. Wenn in Ihren Gedanken jetzt mehr »Partnerorientierung« spürbar ist, ist die Botschaft angekommen. Denn darauf kommt es bei »Gewinnend argumentieren« in erster Linie an, bei der Vorbereitung und in der Argumentationssituation selbst.

Zum Schluß nur ein einziger Vorsatz

Im ARGU-STRUKT sind am Ende die NÄCHSTEN SCHRITTE vorzubereiten. Sie sind das konkrete Ergebnis der Argumentation und gleichzeitig der erste Umsetzungsschritt.

Ebenso geht es beim Erlernen von Neuem darum, am Ende der Lernübungen einen fixen Vorsatz für die Praxis zu fassen. Dazu wollen wir Sie zum Abschluß einladen. Dieser »zentrale« Vorsatz – nur einer, nicht ein ganzes Bündel, das Sie schnell wieder vergessen – hilft Ihnen, die gewünschte Veränderung in Ihrer Vorgangsweise tatsächlich umzusetzen. So werden Sie Ihren Erfolg in der praktischen Anwendung sicherstellen und künftig gewinnender argumentieren.

Mein zentraler Vorsatz lautet:

- _____

_____

(Denken Sie noch einmal an WAS?, WER? und WIE?)

⇒ Gewinnen – nicht siegen!

Falls es Ihnen manchmal schwerfällt, Ihren Vorsatz umzusetzen:

Jeder Leistung liegt ein Sieg über sich selbst zugrunde.

Das ist aber auch der einzige »Sieg«, den Sie anstreben sollten. Denn einen »Sieger« kann es nur geben, wenn es auch einen »Besiegten« gibt. Und ob besiegte Gegner verläßliche (Geschäfts- oder Lebens-)Partner sind, das bezweifeln wir. Wir wünschen Ihnen daher für Ihre Argumentationen NICHT viele Siege, sondern die richtige »SICHT«:

- **VorausSICHT** (für die verschiedenen Aspekte der Situation),
- **EinSICHT** (in die Person und die Bedürfnisse des Partners),
- **VorSICHT** (bei tückischen oder unprofessionellen Partnern),
- **RückSICHT** (auf das Selbstwertgefühl der anderen),
- **WeitSICHT** (damit Sie Ihr »großes Ziel« nicht für einen kleinen taktischen Erfolg aufs Spiel setzen).

Mit etwas Glück – das gehört auch dazu! – stellt sich Ihr argumentativer Erfolg sicher ein!

Einwände und Widerstände meistern

Anhang: Kopiervorlagen für Ihre Praxis

ARGU-STRUKT

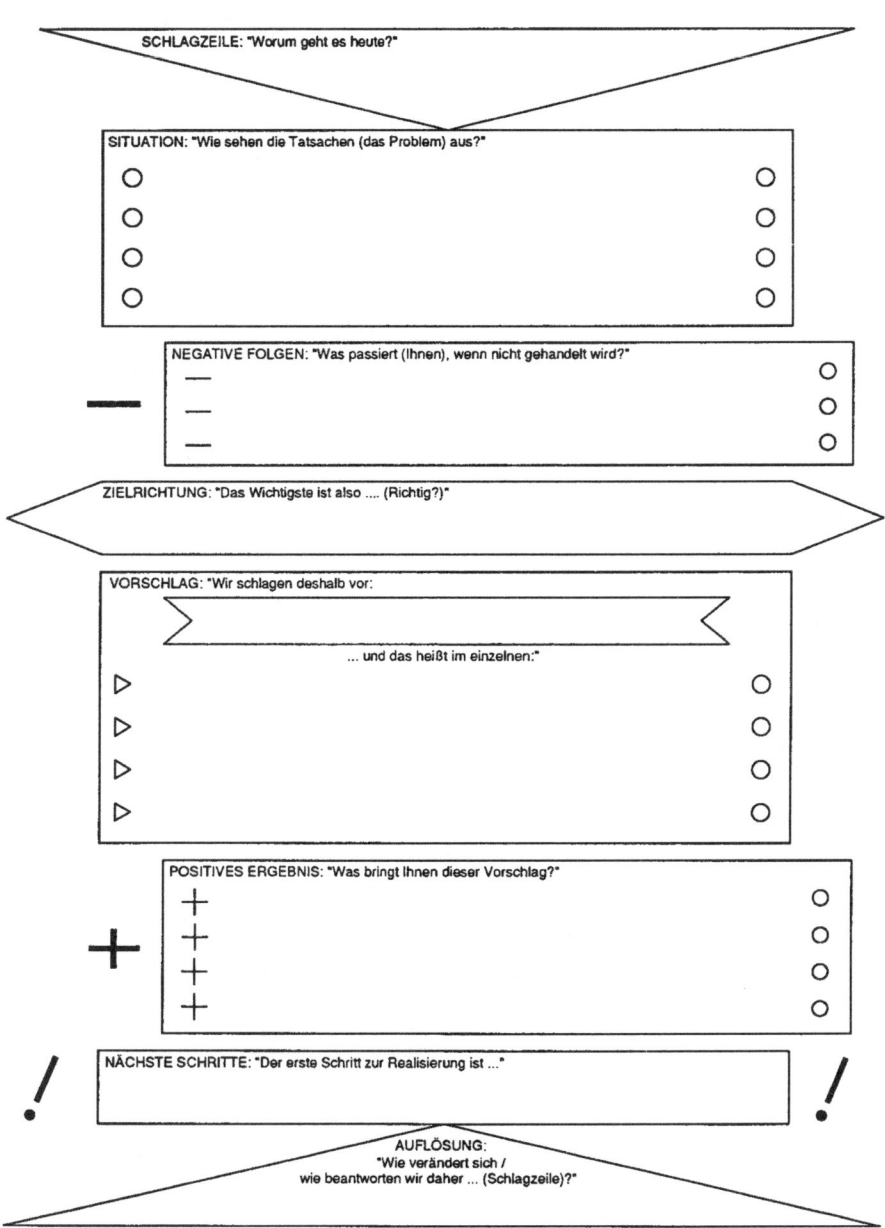

➡ Kopiervorlagen für Ihre Praxis

PartnerProfil

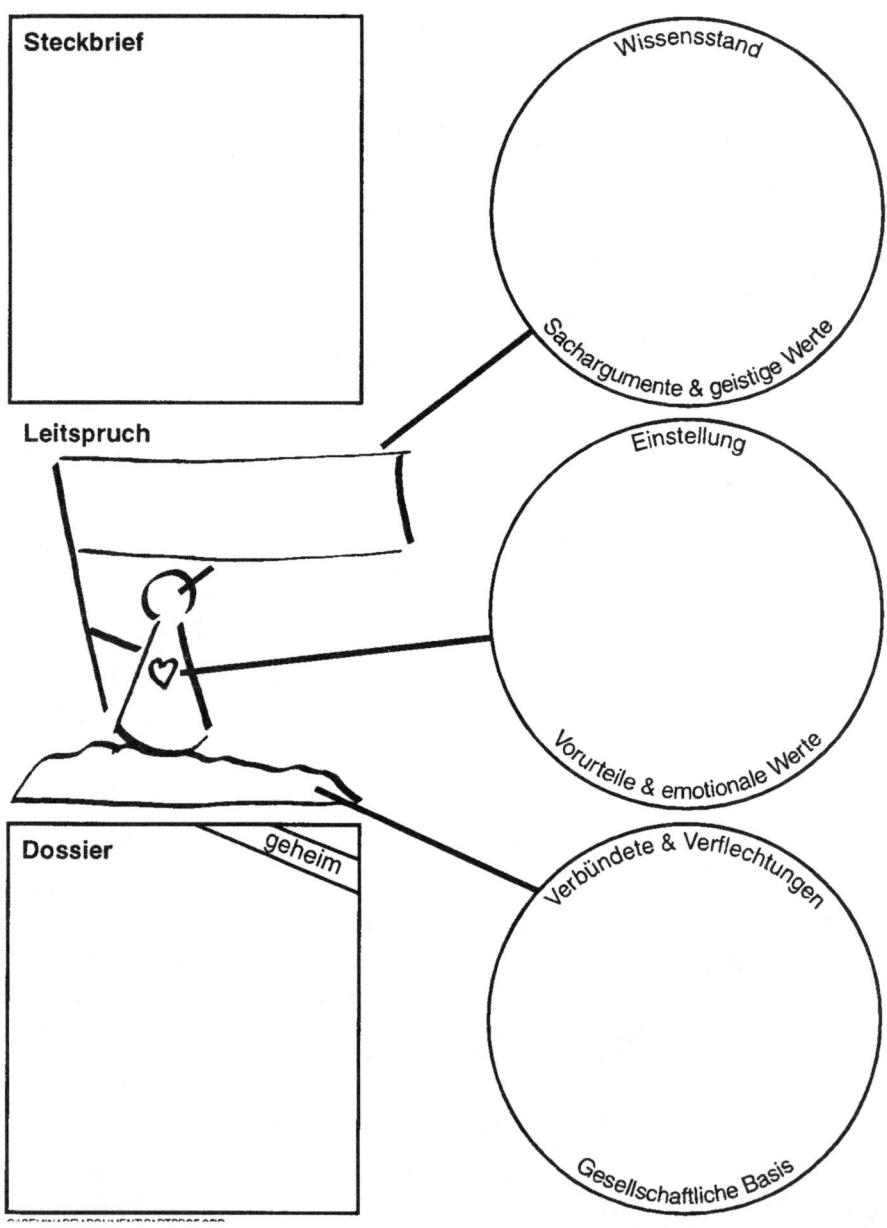

Kopiervorlagen für Ihre Praxis

Sperren-Analysator

Hintergrund und Interessen
Fragen und Einwände
Hintergrund und Interessen
Fragen und Einwände
Fragen und Einwände
Hintergrund und Interessen
Fragen und Einwände
Hintergrund und Interessen

Diese Kopiervorlagen sind muster- und urheberrechtlich geschützt und nur für Sie selbst bestimmt. Jede darüber hinausgehende Verwendung muß vom Verlag ausdrücklich und schriftlich genehmigt werden!

Folgende Titel der »New-Business-Line«-Reihe sind lieferbar:

Management

❸ Marylin Manning/Patricia Haddock
Führungstechniken für Frauen
Ein Stufenplan für den Management-Erfolg

❿ Pat Heim/Elwood N. Chapman
Führungsgrundlagen
Ein Entwicklungsprogramm für erfolgreiches Management

⓳ Kurt Hanks
Die Kunst der Motivation
Wie Manager ihren Mitarbeitern Ziele setzen und Leistungen honorieren – Ideen/Konzepte/Methoden

⓴ Rick Conlow
Spitzenleistungen im Management
Wie man Mitarbeiter dazu anspornt, ihr Bestes zu geben – 6 Schlüsselfaktoren

㉗ Lynn Tylczak
Die Produktivität der Mitarbeiter steigern
Kosten reduzieren – Produktqualität, Servicequalität und Moral erhöhen – basierend auf Wert-Management-Prinzipien

㉘ Robert B. Maddux
Team-Bildung
Gruppen zu Teams entwickeln – Leitfaden zur Steigerung der Effektivität einer Organisation

㉙ Diane Bone/Rick Griggs
Qualität am Arbeitsplatz
Leitfaden zur Entwicklung von hohen Personal-Qualitäts-Standards – Beispiele, Übungen, Checklisten

㊳ Herbert S. Kindler
Konflikte konstruktiv lösen
Produktive Teamarbeit/Streß und Spannungen abbauen/Lösungsvorschläge/Fallstudien/Checklisten

㊵ Robert B. Maddux
Erfolgreich delegieren
Schlüsselfaktoren/Analyse der persönlichen Delegationsfähigkeit/Entwicklung eines Aktionsplans/Fallstudien/Checklisten

㊸ Werner E. Bremert
Ökologisches Management
Menschliches Verhalten im Mittelpunkt betrieblicher Veränderungen

㊻ James G. Patterson
ISO 9000
Globaler Qualitätsstandard – Kosten-Nutzen-Relation – Die zwanzig Elemente – Qualitäts-Checklist

㊾ Cynthia D. Scott/Dennis T. Jaffe
Empowerment – mehr Kompetenz den Mitarbeitern
So steigern Sie Motivation, Effizienz und Ergebnisse

Marketing/Verkauf/PR

❶ Rebecca L. Morgan
Professionelles Verkaufen
Die Geheimnisse des erfolgreichen Verkaufs

⓫ Richard Gerson
Der Marketingplan
Stufenweise Entwicklung – Umsetzung in die Praxis – Checklisten und Formulare

⓳ William B. Martin
Exzellenter Kundenservice
Ein Leitfaden für vorzügliche Dienstleistungen – die Kunst, Kunden als Gäste zu behandeln

(19) *Elwood N. Chapman*
Verkaufstraining – Einführungskurs
Psychologie des Verkaufens – Fragetechniken – Verkaufsabschluß – Telefonverkauf

(36) *Wolfgang J. Nalepka*
Grundlagen der Werbung
Anzeigen/Flugblätter/Prospekte/Direktwerbung/Plakate/Hörfunk-Spots

(41) *Charles Mallory*
PR-Power
PR-Kampagnen entwickeln/Medienkontakte/Interview-Tips/Checklisten für PR-Aktionen

(43) *Mary Averill/Bud Corkin*
Netzwerk-Marketing
Die Geschäfte der 90er-Jahre

(47) *Kurt Bauer/Karl Giesriegl*
Druckwerke und Werbemittel herstellen
Wie Sie mit Satz, Repro, Druck und Papier umgehen

(50) *Helga Zimmer-Pietz*
Professionelles Texten
Briefe/Werbetexte/Pressemitteilungen/Produktbeschreibungen – Praktische Tips und Checklisten

Controlling/Finanz- und Rechnungswesen

(9) *Peter Kralicek*
Grundlagen der Finanzwirtschaft
Bilanzen/Gewinn- und Verlustrechnung/Cashflow/Kalkulationsgrundlagen/Finanzplanung/Frühwarnsysteme

(21) *Terry Dickey*
Grundlagen der Budgetierung
Informationsgrundlagen – effiziente Planung – Techniken der Budgetierung – Prognosen und Controlling-Ergebnisse

(24) *Roman Hofmeister*
Management by Controlling
Philosophie – Instrumente – Organisationsvoraussetzungen – Fallbeispiele

(34) *Peter Kralicek*
Grundlagen der Kalkulation
Kosten planen und kontrollieren/Kostensenkungsprogramm/Preisuntergrenzen und Zielpreise/Methoden/Fallbeispiele

(35) *Candace L. Mondello*
So kommen Sie schneller zu Ihrem Geld
Inkassosysteme/Kreditprogramm/Risikokontrolle

Wirtschaftsrecht

(31) *Horst Auer (Österreich)*
Ulrich Weber (Deutschland)
Rechtsgrundlagen für GmbH-Geschäftsführer
Geschäftsführung und Vertretung – Weisungen – zivil- und strafrechtliche Haftung – Abgaben-, Sozialversicherungs-, Gewerbe- und Verwaltungsstrafrecht – Gesetzestexte, Musterverträge

Personal

(12) *Robert B. Maddux*
Professionelle Bewerberauslese
Interviews optimal vorbereiten – Stärken- und Schwächenkatalog – die sieben unverzeihlichen Fehler – Kriterien für die richtige Entscheidung

Arbeitstechniken

❷ *Marion E. Haynes*
Konferenzen erfolgreich gestalten
Wie man Besprechungen und Konferenzen plant und führt

❹ *Sandy Pokras*
Systematische Problemlösung und Entscheidungsfindung
Der 6-Stufen-Plan zur sicheren Entscheidung

❺ *Steve Mandel*
Präsentationen erfolgreich gestalten
Bewährte Techniken zur Steigerung Ihrer Selbstsicherheit, Motivationsfähigkeit und Überzeugungskraft

❽ *Carol Kinsey Goman*
Kreativität im Geschäftsleben
Eine praktische Anleitung für kreatives Denken

❻ *Joyce Turley*
Schnellesen im Geschäftsleben
Bewährte Techniken zur besseren Bewältigung der Informationsflut

⓱ *James R. Sherman*
**Plane deine Arbeit –
arbeite nach deinem Plan**
Planungstypen und -modelle – die 8 Planungsstufen

㉓ *Robert B. Maddux*
Erfolgreich verhandeln
Entwicklung einer Gewinn(er)-Philosophie – 8 schwerwiegende Fehler – 6 Grundschritte zu professioneller Verhandlungstechnik

⓯ *Gabriele Cerwinka/Gabriele Schranz*
Professionelle Protokollführung
Objektiv und sachlich/logisch und übersichtlich gegliedert/klar und deutlich formuliert/mit vielen Beispielen

Folgende Titel der Reihe »50 Minuten zum Erfolg« sind lieferbar:

Persönlichkeitsentwicklung

⑦ Marion E. Haynes
Persönliches Zeitmanagement
So entkommen Sie der Zeitfalle

㉒ Sam Horn
Konzentration
Mit gesteigertem Aufnahme- und Erinnerungsvermögen zum Erfolg

㉕ Sam R. Lloyd/Christine Berthelot
Selbstgesteuerte Persönlichkeitsentwicklung
Selbsteinschätzung – Erwartungshaltungen und Lösungen – verbesserte Führungsfähigkeiten – Persönlichkeitsentwicklungsprogramm

㉖ Elwood N. Chapman
Positive Lebenseinstellung
Ihr wertvollster Besitz

㉚ Michael Crisp
12 Schritte zur persönlichen Weiterentwicklung
Selbstbewußtsein/Kommunikation/Partnerschaften/berufliche Fähigkeiten/Kreativität

㉝ Barbara J. Braham
Lebenssinn und persönliche Erfüllung
Die 5 Blockaden/Der Lebenszyklus/Neue Dimensionen

㊲ Merrill F. Raber/George Dyck
Topfit
Mentale Gesundheit/Umgang mit Streß/Sich selbst und andere verstehen

㊴ Jeffrey E. Lickson
Verbessern Sie Ihre persönliche Lebensqualität
Psychologische und soziale Blockaden auflösen/Stärken erkennen/Ziele setzen/Selbstbewußtsein stärken

㊶ Lynn Fossum
Ängste überwinden
Selbstvertrauen stärken/Ängste verstehen, bewerten und abbauen

㊸ Paul R. Timm
Erfolgreiches Selbstmanagement
5-Stufen-Plan zur Entwicklung von: persönlicher Leistungsfähigkeit, Zeitmanagement und Arbeitstechniken, besonderen Talenten

㊾ Reinhard Zehetner
Ich muß bei mir selbst beginnen
Anregungen und Impulse zu Kommunikationsprozessen in Betrieben und im alltäglichen Leben

Kommunikation

⑥ William L. Nothstine
Andere überzeugen
Ein Leitfaden der Beeinflussungsstrategien

⑬ Phillip Bozek
50 Ein-Minuten-Tips für erfolgreichere Kommunikation
Techniken für effizientere Konferenzen, schriftliche Mitteilungen und Präsentationen

㊷ Stefan Czypionka
Umgang mit schwierigen Partnern
Erfolgreich kommunizieren mit Kunden, Mitarbeitern, Kollegen, Vorgesetzten u. a. m.

㊾ Emil Hierhold/Erich Laminger
Gewinnend argumentieren
konsequent/erfolgreich/zielsicher

Weiterbildung

⑫ Paul F. Röttig
Fit für den Arbeitsmarkt
Ein praktischer Leitfaden und Ratgeber für Berufsauswahl, Einstieg und Wiedereinstieg, Sicherung des bestehenden Jobs, Strategien nach dem Job-Verlust

⑮ Diane Berk
Optimale Vorbereitung für Ihr Bewerbungsgespräch
So bekommen Sie Ihren Traumjob